教員のための

# 研究のすすめ方ガイドブック

「研究って何？」から
学会発表・
論文執筆・
学位取得まで

瀧澤　聡・酒井　均・柘植雅義
編著

# はじめに

幼稚園，小学校，中学校，高等学校，そして特別支援学校の先生方の中には，いつか学術研究会や学会で研究成果を発表したり，それを論文にまとめてみたいなあという願いや期待等を持っている方がいると思います。でも，日々仕事で多忙の中，「そんなことできるのかなあ？」「どうしたら上手くできるのだろう」「そんなこと考えるだけ無駄かな」等と疑問や諦めが立ちはだかり，「よし研究やってみよう」と一歩を踏み出せずにいる方は意外に多いのではないでしょうか。その背景には，研究活動の意義が見出せなかったり，それを単に難しそうと思い込んでいたり，その全体像がつかめず妙な不安に陥ったり等とさまざまな要因が考えられるでしょう。

本書は，そのような学校の先生方が，「研究って，楽しそうだな」「自分にもできるような感じがする」「研究のイメージが変わった」等と研究活動に対して前向きに取り組めるきっかけ作りになることを願って企画されました。

特に，本書の内容として，我が国の全ての学校で特別支援教育が実施され，学校の先生方がインクルーシブ教育の推進を担う時代となりましたので，通常学級の先生方が，特別支援教育の研究にスムーズに取り組めるようにしました。特別支援教育が抱える課題は多くあり，それらを改善したり解決に向けて対応したりすることが全ての学校の先生方に期待されています。そのためには，誰もが納得できる学術研究の営みが大きな力を発揮してくれるのですが，「研究」と聞いただけで，尻込みしてしまう方は多くいます。本書では，それを乗り越えて頂けるような基本的なノウハウと考え方等を示しています。本書を手にとって学術研究の基本を知ってもらえたらと願っています。

なお，本書は，幼稚園から高等学校そして特別支援学校の現役の先生方を想定して執筆されましたが，教員を目指している短大生，大学生そして大学院生や，学術研究に取り組んでみたい教育領域以外の方々にも役に立つ内容となっています。本書を通して学術研究に取り組みたいというきっかけが生み出されたら，大変有り難いことです。

瀧澤　聡

# もくじ

## 実践編（応用編）

## 展開編（さらに研究したい人のために）



## 付録（研究方法概説）

# 理論編
（基礎編）

# 1-1　研究って，何？

### ・「そもそも」等の問いから始めよう

学校の先生方の中には，「いつかは研究発表してみたいなあ」「そのうち研究論文が書けるようになりたいな」等と，研究活動に前向きに取り組みたいと考えている方々は少なからずいると思われます。本書を通して，そのことが実現できたらいいですね。

さて，研究活動を上手に進めていくためには，まずは研究の目的や意義，そして学校教員の研究活動の現状等について，しっかりと自分なりに考えておくことが大切です。例えば，「学校の先生にとって，研究って何だろう」「そもそもなぜ研究するのだろう」「研究することで，どのようなメリットやデメリットがあるのだろう」等の問いを持つことです。可能な範囲で大丈夫ですので，これらに対する回答ができれば，研究の方向性が自ずと見えてきたり，自分がやろうとしている研究の立ち位置が明らかになったりすると思います。ここでは，学校の先生にとっての研究活動の現状等について見てみましょう。

### ・研究活動のタイプ

まず，多くの学校の先生にとって，身近な「研究」の営みと言えば，どのようなことがあげられるでしょうか。例えば，その１つとして学校内校務分掌にある「研究部」の活動が考えられます。この「研究部」は，学校によりますが，毎年あるいは数年ごとに実施される「公開研究会」等において，またそれに関連した「要項」や「研究紀要」等の執筆・編集でも中心的な役割を担います。この学校内の「研究部」が中心となって進めるものを便宜上**研究 A** とします。

もう一つは，現場の学校教員が中心になって組織されている研究会の活動も考えられます。学校の教員は，幼小中高・特別支援学校等のいずれの校種においても何かしらの地域レベル，市町村レベル，都道府県レベルあるいは全国レベル等の研究会に所属していることが多いです。「○○国語研究会」「○○算数・数学研究会」「○○保健体育研究会」「○○特別支援教育研究会」等々，たくさんの研究会があります。この「○○」には，各地域や各都道府県そして「全国」の名称がつけられることが多く，ほとんどの研究会が，毎年研究大会を開催し「研究紀要」等の成果物を発行しています。このようなものも便宜上**研究 B**とします。

上記２つの研究紀要や研究報告書等には，さまざまなバリエーションがあります。例をあげると，授業の記録をエピソード風にまとめたもの，学習指導案をまとめたもの，研究大会の講演を文字に起こしたもの，研究大会分科会の記録をまとめたもの，研究大会の各口頭発表を研究紀要に掲載するものとしてまとめたもの，学術学会が発行する学術論文に近いもの等があります。特に型として決められたものはないようで，それぞれの研究誌の編集者の意向でまとめられているようです。

一方で，学校の先生方の中には人数は少ないですが，修士号や博士号等の学位の取得を目指したり，研究者が多く集まる学術学会に参加したりして研究活動する方々がいます。彼らは，学術学会のルールに従って研究活動をします。つまり，所属学会の研究大会等で先生方自身の研究成果を口頭発表やポスター発表をしたり，論文としてまとめて学術論文誌に投稿したり等，学会会員や研究大会の参加者等にオープンな場で，研究成果の妥当性を尋ねられるのです。各研究成果の提示には，さまざまなバリエーションはなく，厳格な型にしたがって進められ，学術学会共通の提示の仕方があります（詳細は後述します）。これを便宜上**研究 C**とします。

学校の先生方にとって，研究の営みに関する状況は，以上のようなことと思います。ここで，そもそも「研究」とは，何であるのかについて見てみましょう。そうすることで，学校の先生方を取りまく研究の実態を明らかにすることができ，これから研究活動に勤しみたいと考えている先生方の向くべき方向性を考えるきっかけになると思います。

### ・研究の意味

では，「研究」の意味について，調査の定石にしたがって辞書から探ってみます。『広辞苑』第7版によれば，「研究」とは「よく調べて考えて真理をきわめること」となっています。また『大辞林』第3版では，「物事について深く考えたり調べたりして真理を明らかにすること」となっています。さらに『日本語大辞典』第2版は，「広く調べ，深く考えること」と説明しています。これらの辞書で共通していることは，「研究」とは，「調べる」「考える」等の行為であることです。確かに，上記にみた研究A，研究B，研究C等の学校の先生方の研究の営みは，いずれもこれらの辞書の定義にはあてはまります。

### ・研究タイプ別の特徴

上記にあげた研究Aから研究Cタイプにおいて，何が異なるのでしょうか。結論から言うと，それは，「公共に対する向き合い方」と言えます。つまり，それぞれの研究がどれだけ他者に開かれている知見を要しているかがポイントになります。この点からすると研究Aは，1つの学校内という狭い範囲で研究の営みを実施しており，そこでしか通用しない知見が多く使用されているのが現状でしょう。研究Bは，研究Aより所属する先生方の幅が格段と広がりますが，同じような関心をもつ先生方の集まりになります。その団体の伝統的に実施されてきたルールをふまえながら，研究成果が研究紀要等に掲載されることが多いです。学術論文の作成に必要な細かい規定は少なく，その分公共に開かれている度合が薄いといえます。研究Cは，研究Bと同じく，同じ関心を持つ者たちの集まりであることに変わりありませんが，主に研究を職業とする者たち等の集まりになります。その研究の成果は社会貢献として社会に還元できるように求められます。それゆえに公共に開かれた学術論文の作成になるため，必要な細かい規定があり，それに従って論文を作成して投稿しても，「査読」を受けなければなりません（「査読」の詳細は後述します）。いくつかのステップを踏んで掲載に値すると認められた論文だけが，その団体の研究紀要等に掲載されます。公共の場に知見を提示するには，多くの人の目を通してもらう必要があることを頭にいれておいてほしいです。

### ・研究タイプ別理解と選択

このように，学校の先生方にとっての研究組織とは，どのタイプに所属するかによって，その意味に違いがあるということです。そして，このことの自覚なしで研究活動をしようとすると，迷いが生じたり疑問がわいたり等，前に進めることができなくなる可能性も否めません。ですから，研究活動をしたいと考えている先生方は，ご自身が取り組もうとしているその成果をどこで発表するのかを，まずは決定する必要があります。例えば，授業の実践を報告したいとなれば，学術研究をふまえた実践報告にするかどうかについて選択しなければなりません。そのことが明らかになれば，具体的な研究動機が起こされ，次にどうしたらよいか，方向性が見えてくると思います。

# 1-2　なぜ研究をするの？

### ・1つ目の回答

筆者は，この問いに対して，3つの回答を述べたいと思います。まず1つ目として，「法律」によるためです。つまり，学校の教員は研究に努めなければならないという法律の規定があることによります。具体的には，「教育基本法」（教員）第9条に，「法律に定める学校の教員は，自己の崇高な使命を深く自覚し，絶えず研究と修養に励み，その職責の遂行に努めなければならない」とあり，「教育公務員特例法」（研修）第21条にも「教育公務員は，その職責を遂行するために，絶えず研究と修養に努めなければならない」とあります。学校の教員にとって，研究は義務ということです。そうであるがゆえに，各学校の校務分掌には，必ず「研究部」（研究A）がありますし，学校の教員は地域レベル等の何らかの研究会（研究B）に所属していることもあるのでしょう。

### ・2つ目の回答

2つ目は，「社会」のためです。前節で研究A・Bと研究Cの相違は，「公共に対する向き合い方」にあると述べました。また，研究Aから研究B，そして研究Cに移行するに従って，研究紀要等の成果物の作成には，多くの人の目を通すことになると伝えました。つまり，研究Cほど誰もが納得できる内容になっていることを意味しています。なぜなら，その成果物等は査読を通して公共に出回り，多くの人々に読んでもらい，公共の知見として認知される可能性があるためです。そうなれば，その知見は，社会にとっての財産・資源となり，社会が抱える問題等の解決に貢献することになるのです。

### ・3つ目の回答

3つ目は，「個人」のためです。学校の教員の中には，研究テーマを自ら設定し，そのことを解明するために純粋に研究に取り組んでいる方や，修士号や博士号の学位を取得すること，あるいは公認心理師等の資格を取得すること等，個人の関心を充足させることや目的を達成させることのために研究を営んでいる方もおられます。したがって，「個人」のために実施した研究活動が，結果として「法律」に従っていることになり，状況によっては「社会」のためになっていると言えるでしょう。

研究する理由については，ここでは3つの回答を述べましたが，他にもいろいろ考えられますので，ぜひ一度は自問自答して自分なりの回答を探ってみてはいかがでしょうか。

本書は，研究Ａと研究Ｂとは異なり，研究Ｃの学術研究に前向きにチャレンジしたい方を想定しながら，彼らがどのような考えで，何をしていけばよいのかについて，具体的にお話ししていきます。

# 1-3　研究の方法

### ・研究の関心

それでは，研究を主体的に進めるために最も重要なことは何でしょうか。これは研究の営みの根幹になることと思われます。結論から言うと，それは「関心」に他なりません。研究の営みについて，研究主体者は，何に「関心」があるのかを自覚することがとても重要になります。本書は，学校の先生方が，特別支援教育の研究を実施するための入門書です。ゆえに，自分自身が特別支援教育の何に関心があるのかについて，まずははっきりと知っておきましょう。

### ・研究疑問

特別支援教育の何に関心があるのかについて，はっきりと自覚したなら，次に何に疑問や問題をもっているのかを考えます。そのことをリストアップしていくと可視化できてわかりやすいです。そして，このことは「研究疑問」の作成につながります。研究疑問とは，「研究に対する問い」を意味します。研究疑問はいくつも作り出すことが可能ですが，最終的に１つに集約していくことになります。研究主体者が積極的に研究疑問を作成していけば，研究のプロセスの最初の段階をクリアしたことになります。

### ・研究テーマ

研究疑問を作りだせたら，これを洗練させて誰もがわかるようなことばにして研究テーマを設定します。とは言っても，研究テーマを決定するのは少しハードルが高いかもしれません。そこで私がお勧めする方法をお伝えしましょう。現在は，インターネットで欲しい情報が瞬時に入手できる時代になりました。このインターネットを大活用するのです。研究者にとってとても使い勝手が良いWebサイトがあります。それは論文検索サイトの CiNii（サイニイ）です。ここのサイトを開いて，研究テーマに近い単語をいくつか入れると，それに関連する論文タイトルがずらっと出てきます。研究テーマを決めかねていたら，このサイトがとても役に立つのです。すでに発表等がされた論文は，先行研究論文と呼ばれますが，これを調べてみることで，先生が構想していた研究タイトルに類似したり，ドンピシャだったりしたものが必ず見つかるはずです。

### ・単独研究？　あるいは共同研究？

研究テーマが選定されたら，この研究は誰とするかを考えてみます。単独でするのか，スーパーバイズ（研究指導）してくださる方の元でするのか，普段から仕事上で一緒にしている同僚とするのか等について考える必要があります。修士課程や博士課程に所属する場合は，スーパーバイザーの元で研究活動がされますが，そうでない場合は，さまざまな状況を考慮しながら研究が実施されます。要するに，小規模の実験や授業実践報告等の単独でできる見込みがあれば，共同研究者は必要ないでしょうし，大規模なアンケート調査や不慣れな研究領域に取り組むなら共同研究者が必要になってくるでしょう。そして，学校の教員の場合，実験系の研究成果を単著の論文で発表される方は少ないですが，授業等における実践報告を単著で発表される方は多いと思われます。ここでそれぞれの研究のメリットとデメリットを考えてみます。

単独研究の場合，そのメリットは論文として研究成果を単著で発表できるということが考えられます。特に論文が査読を通して学会誌等に掲載された場合，論文の著者にとっては大きな業績の一つとして評価されると思います。次にデメリットですが，研究企画から論文作成まで基本的に単独で行う必要があり，その労力と言ったら大変なものです。研究データの結果が思わしくなかったり，データの提示の仕方で迷ったりした場合等においても，何をしなければならないかの選択は，一人ですることになります。

共同研究を行う場合，そのメリットは，研究者間でどの部分を担当したらよいか等の役割を分担できることです。例えば，4名の研究者（A さん，B さん，C さん，D さん）で，ある調査を企画し，その結果を論文としてまとめて発表するとします。研究企画や先行研究調査を A さん，研究方法をＢさん，研究結果をＣさん，考察をＤさんが，それぞれ担当して論文執筆等を実施します。また，研究をスーパーバイズしてくださる方の元で実施する場合，研究論文の作成が完了するまで，さまざまな助言やヒントをもらいながら研究を進めることができます。孤独感に陥ることなく研究活動に没頭できるといえるでしょう。次にデメリットですが，共同研究に参加する研究者の数が増えれば増えるほど，研究者間で研究に対する共通理解が取りにくくなりがちです。したがって，そのリーダーは，各研究者の役割に対する自覚が欠如しないようにサポートしていく必要があります。また，スーパーバイズする側とされる側という立ち位置が生じている場合では，目には見えにくい関係性が崩れなければ，研究活動は進展しますが，そうでない場合，通常スーパーバイズされる側はその立場が弱いので，大きな困難を抱える可能性もあることも忘れないでほしいです。

# 1-4　学術学会デビュー：
# とにかく見に行こう！　非会員でも参加可能

・学会の規模

学校の教員がかかわれる学術学会の規模（レベル）は，全国レベルと地域レベルに大別されるのが一般的と思われます。会員の構成を学会員名簿で確かめてみると一目瞭然なのですが，全国レベルとは，北は北海道から南は沖縄まで全国津々浦々の学校の教員が所属している学術学会を指します。日本LD学会，日本特殊教育学会等，「日本○○学会」というように「日本」が名称に入ると全国規模の学術学会とみて間違いないでしょう。次に，地域レベルとは，北海道特別支援教育学会，中国四国教育学会等のように，「□□○○学会」の□□部分に都道府県等のいずれかの地域名が入ると，それに該当することが多いです。

・共通点

ところで，特別支援教育領域における「～学会」と「～研究会」では，何が共通点で何が相違点だと思いますか。まず両者の共通点ですが，これは前述したように，各会において，研究紀要等の成果物を発行している点が挙げられます。また，会のトップには，会長や理事長，副会長等の役員がおり，会の事務等を担当する事務局長を配置しているところが多いです。会の年会費や運営費等の財政を担う会計担当者も「会計」として置かれる場合がほとんどです。このように，研究組織としての会の仕組みは，ほとんど同じようになっています。

・質的な相違

次に相違点ですが，「～学会」は，「学会」という名称をつけている以上，学術研究組織という意味になります。「～研究会」は，学術研究組織としての性格が強い場合もありますが，現場の教員が集いながら会員の関心に応じて研究活動するので，必ずしも学術研究組織と同じ目的，同じ研究成果の提示等にはならないようです。つまり，学術研究論文の作成に必要で厳格なルールに従うことは多くはなく，また論文が研究紀要等に掲載されるまでに必要な条件を充たしているのかどうか複数のレフェリー（査読者）に判断してもらうという，いわゆる査読をすることもほとんどありません。研究紀要等に掲載する論文に査読があるかどうかが，最も大きな相違点であろうと思われます。学術学会では，論文を書いて投稿したらそれがそのまま研究紀要等に掲載されることはまずありえません。学会から依頼された方の場合は，それがありえますが，一般会員では不可能と思ってもらって間違いないでしょう。査読は，その学会が質的に高い論文を維持していくために必要なシステムと一般的には考えられています。このことからしても学術論文の作成が，いかに厳しいものであるかがわかります。

・特別支援教育関連の学術学会への参加

では，実際に特別支援教育関連の学術学会とは，どのようなものがあり，どうしたら参加できるでしょうか。ここで，日本にはどのような学術学会があるのかを見てみましょう。文部科学省所管で日本学術会議学術学会協力機構の HP を開いてみると，公的機関に認められた学術学会がわかります。もちろん特別支援教育関連のものも掲載されています。例えば，全国レベルでは，日本 LD 学会，日本特殊教育学会等です。地域レベルで特別支援教育に直接関連する名称を使用する学会は，現段階では見つけられませんでした。しかし，特別支援教育に関する研究発表や研究論文を掲載している学会は，関東教育学会，関西教育学会，中国四国教育学会，北海道心理学会等があります。また，日本学術会議学術学会協力機構のリストにはありませんが，地域レベルの学会として，北海道特別支援教育学会等があります。

これらの学会の研究大会に一般の学校教員が気軽に参加するには，ハードルが高いなあと感じている方もいらっしゃるかもしれません。未知の世界に関わろうとする場合，学会に入会するための面倒な手続きやとりあえず参加してから入会するかどうかなんてできないだろうなあ等と不安や心配がどうしても先立ってしまうものです。しかし，学会によりますが入会手続き等がなくても大会に参加することは可能なのです。

日本LD学会を例にみると，大会ホームページに参加者の内訳が『会員』『学部学生』『一般』『親の会』となっており，学会員ではなくても参加することが可能であることがわかります。

次に地域レベルの学会でみてみましょう。筆者が会員になっている北海道特別支援教育学会のホームページのトップにあるメニューボタン「研究大会」をクリックすると，「次回の大会」の記載があります。ここのWebページをクリックすると大会の詳細な情報があり，非会員でも参加できることがわかります。

**・費用がネックな場合**

それでも大会参加に敷居が高いと感じてしまっている方の場合，参加等の費用がネックになっていることがあるかと思われます。この費用が高いのかそうでないかは，人それぞれと思いますので一概に“ある学会の参加費は高額である”と決めつけることはできませんが，学会会員の年会費を未定にしながら（会費納入が発生していない），長く運営している学会があります。しかも日本学術会議認定の学会でもあります。それは日本発達障害支援システム学会であり，2001年4月から実質的に発足されています。東京学芸大学の方々が中心に活動されています。2018年4月の段階で，こちらの学会のHPを閲覧して学会年会費を確かめてみると，「正会員：未定（現在は会費をいただいておりません）」とあります。ただ，年次大会は参加費がかかるようです。この学会の正会員になれば，そこで発行された論文はインターネットを通して閲覧できますので，どうしても大会参加に抵抗がある方は，このような学会の会員になって学術論文を読み，研究活動の基礎を積み重ねていくのはどうでしょうか。論文作成するには，かなりの論文数を読むことが必要になってきますが，会費納入が不要の学会を利用させてもらうことで，費用についてあまり気にかけず，研究の基礎力を培うことができると思います。そうした努力が継続されれば，研究活動の価値を見出し，自身が気になっていたことを乗り越えていくと期待できるのです。

・学術学会参加のメリット

学会にとにかく参加して，大勢の参加者と交流したり，講演やシンポジウム等を視聴したりすることは，研究活動である学術論文を作成したり，それを学会誌に投稿したり，研究大会で発表したり等の発信をしていくという営みへの動機を高めます。非会員でかまわないので，ぜひとも大会参加にチャレンジしてみましょう。

# 1-5　学術学会会員になるために

### ・会員になるための留意点

筆者が小学校教員時代，学術学会に非会員として参加した同僚達の多くが，いろんなことを学べる刺激的な場であったこと，ポスター発表の場で発表者と参加者との間で活発な議論ややりとりが見られたこと，偶然知人に出会いなぜ学会に参加しているのかの理由を知って親しみを感じたこと等，ことのほか参加したことによるメリットを実感できたと話てくれました。「来年もまた来たいなあ」と伝えてくれたものです。彼らの話を聞いていた筆者は，次回来るときはもちろん正会員として参加するでしょうと思いました。ただ，学術学会によるのですが，入会するための条件が比較的容易な場合とそうでない場合があることに留意してほしいです。以下で，このことを具体的に見ていきましょう。

### ・入会資格（正会員になるため）が限定されている学会

筆者は，小学校教員時代に医療系の大学院に在籍して研究活動等をしました。所属した院ゼミは，指導教員がＯＴ（作業療法士）で，院生もほとんどがＯＴでした。彼らは，毎年開催される日本作業療法学会に参加して研究成果を発表等していましたが，筆者はそれができませんでした。なぜなら，この学会に参加して発表するには，まず日本作業療法士協会の正会員にならなければなりません。その協会のＨＰ（2018年10月現在）にある『定款』の『第３章会員第５条（１）』には，「正会員　理学療法士及び作業療法士法（昭和40年法律第137号）第３条による作業療法士の免許を有する者で，この法人の目的に賛同する者」とあります。つまり，ＯＴやＰＴ（理学療法士）の免許をもつ方だけが正会員になれます。筆者は，小学校等の学校教員の免許はありますがＯＴの免許はないので，正会員にはなれないということです。当学会は，ＯＴを中心とする職能集団のために設立されていますので，他職種の方が入会できないのは当然と言えるでしょう。

### ・正会員になるために推薦人の必要な学会

次に日本LD学会をみていきましょう。この学会のＨＰ（2018年10月現在）の『諸規定』の『定款』にある『第３章 社員及び会員第５条』には，「（１）正会員 この法人の目的に賛同し，LD等に関する科学的研究・臨床・教育に携わっている個人」とあり，さらに「第６条 この法人の目的に賛同し，会員として入会しようとするものは，理事会あるいは常任理事会において別に定めるところにより，入会の申込みを行うものとする，2 入会は，理事会あるいは常任理事会において別に定める基準により決定し，これをそのものに通知する」となっています。当学会は，前述の学会のような入会条件はありませんが，入会の申込みには，その該当者に対する当学会の正会員の推薦が必要とされ，結果として推薦人の推挙があれば申し込みが可能となり，理事会等での承認が得られる可能性があるという流れになります。申込者が研究大会に参加して，適当に会場内を移動している人をつかまえて，正会員になるための推薦人になってほしいと懇願することはできないでしょう。推薦人をなんとかして見つけることをしなければ，このような学会では簡単に正会員になれないことを知ってほしいです。

### ・正会員になるために推薦人の必要がない学会

最後に，推薦人がなくても簡単な手続きで正会員になれる場合をみてみます。この場合，北海道特別支援教育学会を例にしてみましょう。この学会もＨＰをもっていますので，実際に閲覧してみると（2018年10月現在），そのホームの下方に『会員になるためには』とあり，そこをクリックすると，入会したい方の連絡先が掲載されています。また，当学会の『会則』の『第４条（会員）』には，「本会は，北海道に在住する特別支援教育の諸課題に関心を持ち，教育，医療，福祉，労働，家庭等の諸領域において，実践及び研究に従事するもので，本会の趣旨に賛同するものを持って会員とする。2　道外又は国外に在住するものであっても，理事会の承認を得て，会員とすることができる」とあります。

この学会も理事会の承認は必要ですが，前述の学会のような限定条件も推薦人も必要ないことがわかります。

以上みてきたように，正会員になるためには，いずれも入会条件は設定されているものの，学会によってはそれが厳格な場合もあることを，頭のすみにでもいれておいてほしいです。

# 1-6　発表の型

研究活動で得られた成果を発表するには，一般的に２つの方法があります。１つは，それを論文にまとめて学会に投稿する方法（投稿論文），もう１つは学会の研究大会で研究成果を簡潔にまとめて発表する方法（口頭発表とポスター発表）です。この節では，発表の提示には，共通の型があることを述べます。なお，「論文」，「口頭発表」，「ポスター発表」等の書き方については，実践編（応用編）でわかりやすく説明します。

### ・発表の型の基本ライン

発表の型について，質的研究者の西條剛央氏が，『ライブ講義・質的研究とは何か（SCQRM アドバンス編）』（新曜社，2007）で端的に示しており，「はじめに（問題・目的）・方法・結果・考察・引用文献」という基本ラインを指します。このラインは，研究の成果をまとめていく上で，基本中の基本になりますので，この仕組みをしっかりと押さえていきましょう。

では，このラインのそれぞれについて，ポイントを見ていきましょう。まずは，「はじめに（問題・目的）」です。ここは論文の冒頭の箇所ですが，「つかみ」と呼ばれるところになりますので，読者等に「読みやすい」と感じられるような文章にすると，読んでもらえる機会がぐんと向上するはずです。「問題」の部分では，研究の「目的」の部分とつながりをもたせながら，その背景について述べることが多いです。つまり，研究者はどのような研究疑問を持ち，それがこれまでの先行研究の中で，どのように扱われてきたかについて説明するのです。先行研究を調べることで，それまでの研究疑問に対する立ち位置がわかってきます。さらに言うと，この研究テーマがすでに実施されているならば，ほとんど研究価値がないと見なされます。そうならないためにも先行研究を調べ，研究テーマの重複を回避しましょう。「目的」は，ここにおいて研究では何をするのかについてわかりやすく書き，研究の意図を明確化することになります。

次に「方法」の部分では，研究の目的を達成するために選択した方法について書きます。その際，方法を選んだ理由についても同時に表します。例えば，研究目的を達成するために，対象数や調査時期等の条件を検討した上で，インタビュー法が最も妥当な方法となれば，それを選択した理由を示しながら，対象者数，インタビュー法の実施時期等を具体的に記述していきます。

採用した方法で得られたデータを表やグラフ等で表示するのが，「結果」の部分です。統計的処理で分析した結果あるいは事例検討で得られた結果等を示すにしても誰もが納得できるような明示の仕方があります。「考察」では，得られたデータの結果から明らかになった知見を記述すること等となります。

最後は，「引用文献」になります。学生の卒業論文指導時や学校の先生方から論文の査読を依頼され，その指導をしている時に見られるのですが，「引用文献」を「おまけ」のような扱いにする人がいます。これは，大きな誤りです。論文の各部分に「おまけ」はありませんし，すべて必要な部分になります。「引用文献」があることで，論文の作成者が，何を見ながら論文を作成したのか，それらを確かめることができるのです。ただ，通常「引用文献」は，投稿論文に記述されることが多いです。口頭発表・ポスター発表では，発表時間も含めた提示の仕方に制限がありますので，記述されることは少ないです。

# 1-7 論文について

次に学術論文について説明します。これは，前節で述べた「はじめに（問題・目的）・方法・結果・考察・引用文献」という基本ラインで構成されています。口頭発表やポスター発表は，内容，時間等の制限があり，主張したいことをコンパクトにまとめる必要がありますが，それに比べると，学術論文による発表は，話す力を中心としたコミュニケーション力よりも，書く力が要求されると言えるでしょう。しかも「査読」のシステムを導入している学会がほとんどなので，レフェリー（査読者）による審査を受けなければなりません。口頭発表やポスター発表よりも，かなりハードルが高くなるのが，学術論文と言えます。レフェリー（査読者）に納得してもらえる内容にしなければその論文が学会誌等に掲載されることはありません。

### ・学術論文の２タイプ

ハードルが高い学術論文ですから，まず知ってほしいことがあります。それは論文のタイプです。つまり，学校教育関連の学術論文は，その研究方法が「量的研究」と「質的研究」に大別されることです。これは，研究方法の違いにより，結果の提示の仕方も変わってくることを示しています。このあたりを質的研究者の西條剛央氏の著書「研究以前のモンダイ：看護研究で迷わないための超入門講座」（医学書院，2009 ）では，下記のように説明されています。つまり，量的研究とは「現象を測定，数量化することを基軸とした研究手法の総称」であり，「仮説の検証や，一般性のある知見を生み出し，全体的な傾向や分布を知るのに向いている」とし，質的研究とは，「対象を内側から理解することを志向し，記述，解釈する研究手法の総称」であり，「仮説生成や前提自体を問い直すことはできるが，仮説検証や一般性のある知見を生み出すには不向き」としています。いずれの研究においても，メリットとデメリットがあるという認識は，とても重要と思います。

・量的研究

これらのことを，具体的に特別支援教育研究におきかえて，まず量的研究で考えてみましょう。1例として研究目的が，中学校のある学年に複数名いる発達障がいのある生徒を対象とし，教科の授業ごとのストレス反応を測定して実態把握することとします。授業時間やクラスの人数等を可能な限り同じ条件にしながら，その方法として質問紙で実施となればアンケート調査になり，教育心理学的研究になります。その結果を集計し，クラス内の定型発達の生徒と比較検討するために統計処理をすれば，量的研究になります。また，同じ研究目的でも，研究方法を変えて唾液アミラーゼを用いたストレス反応をチェックする生理学的方法も考えられます。このように，得られた結果のデータを統計処理すれば，量的研究となります。さらにいえば，研究目的は同じにし，上記の2つの方法を採用して，結果を統計処理していくことも可能と思われます。

・質的研究

次に質的研究について1例を考えてみましょう。ここでは，質的研究方法の1つである事例研究をとりあげます。その研究目的として，X小学校の通常学級に在籍し，発達障がい通級指導教室にも週に1回通うASD（自閉症スペクトラム障がい）の男子児童Bを対象とし，彼に1年生から6年生の間にかかわった支援・指導担当者の困り感の変遷を通して，彼の成長過程を明らかにするとします。いわば通級担当者が，研究のコーディネーター役となり，その視点で研究が進められていきます。方法としては，通級指導教室担当者による指導記録，X小学校訪問記録（学級担任・特別支援教育コーディネーターとの情報交換），保護者との面談記録，主治医との情報交換，児童デイ担当者との情報交換等がデータになります。時系列的に各学年でデータを整理していきながら，各支援者の当該児童に対する困り感を集約し，一覧にしていけば，それらの変遷が可視化されます。その児童の困り感がどのように減少し，一方で成長とみられる点がどのようなことであるかも明らかになれば，成長過程を確かめることができると思います。

1名だけを対象にした事例研究では，一般性を確認しようがないので，事例研究自体の価値に疑問を呈する研究者もいます。しかし，現場の教員を経験した者からすると，このような事例研究から，自らの指導・支援を重ねて振り返ることで，多くの有益な指導・支援上のヒントを見つけ出すことができます。通級指導教室担当者であれば，ASDのある当該児童のような児童を担当することは想定内のことであるので，このような事例研究には価値があると言えます。

### ・量的／質的研究の具体例

さらに筆者の研究活動の経験から，具体的に量的研究と質的研究の方法について述べます。筆者が現役の学校の教員だった頃，医療系の大学院研究科博士課程に在籍していました。そこでは，量的研究方法に関するスキルを獲得するために，徹底的にゼミ演習を通してトレーニングを受けました。筆者の研究テーマは，LDのある児童の身体運動に関する不器用さの解明でした。具体的には，まずLDのある児童の平衡機能の特性を明らかにしようとして，重心動揺計を使用しました。この機器の特徴は，身体の重心の揺れの速度や広がり，方向性そして周波数等を数値化して，客観的に平衡機能を測定できる点にあるとされます。この機器による平衡機能のデータを，定型発達の学童のものと比較することで，LDのある学童の平衡機能の特性を明らかにしようとしました。また，運動イメージ機能を測定するために，カードを用いて実施しました。具体的には，検査者が3種類の異なる単純な連続動作を被験者の学童の前で実施し，1回ごとランダムに並べられた5つのカードを，適切に配置してもらいました。5枚のカードを適切に配置できたら1点，そうでないなら0点等と点数化しました。

このように，定型発達の学童とLDのある学童のそれぞれの平衡機能と運動イメージ機能について測定して得られたデータを，比較検討するために統計処理をしました。この研究に関しての詳細は割愛しますが，量的研究の重要な点は，データの特徴を明らかにするためには，統計処理ができるようになることが必須という点です。

質的研究については，心理学者の鯨岡峻氏が提唱する「エピソード記述」を通級指導教室の実践記録等の方法として取り入れた研究を数年してきました。この「エピソード記述」は，鯨岡氏の著書『エピソード記述入門―実践と質的研究のために』（東京大学出版会，2005）によれば，従来型の客観性を重視した指導記録とは異なり，１回きりの保育や教育の現象を生き生きと描きだす実践記録の方法論とされます。その内容は，「背景」「エピソード」「考察」の３部で構成されており，さらに読み手がこれらを読んでわかるように意識的に記述することも重視しています。実践記録ですので，数値が出現することはなく，文字のみの表記になります。このエピソード記述のように，質的研究の重要な点は，研究の対象の外側からではなく，内側から理解しようという志向性が働いている点にあると思います。

**・量的／質的研究の対立**

ところで，研究活動での量的研究と質的研究は，学問の世界では一般的に対立するものと理解されています。対立する背景には，それぞれの研究方法を用いる側が自らの正当性を主張することにあると作業療法士の京極真氏が『医療関係者のための信念対立解明アプローチ：コミュニケーション・スキル入門』（誠信書房，2011）で述べてます。紙面の都合で詳しく述べることはしませんが，上述した西條氏は，この状況を「信念対立」と称していますし，この状況を克服する方法論が，「信念対立解明アプローチ」として京極氏によって開発されています。この２つの研究方法には，上述したようにデメリット面もあることを理解すれば，研究目的に応じて使い分けをしていけば対立する状況には陥ることもないと思われます。みなさんはどのように考えますか。

**・新しい学会の動向**

最近，この対立状況を乗り越えることを目的の１つとした研究方法が米国で提唱され，我が国においても紹介されるようになりました。それは「混合研究法」とよばれ，2016 年には「日本混合研究法学会」が設立され，医療，看護，教育等の実践研究分野において，その普及が目覚ましいようです。混合研究法は，量的研究と質的研究のメリットを生かしたハイブリット型の研究方法と言えるかもしれません。今後この学会の動向に注目していきたいです。

# 1-8　先行研究（文献レビュー）はなぜ大切？

### ・研究授業の資料で足りないもの

筆者が現役の教師だった時，年に数回地域の学校主催の研究授業に参加して研修をしていました。その際，国語や算数等の教科の研究授業で，詳しい細案としての学習指導案が配布され，参加教員は，それを見ながら授業の展開を理解し，教師の発問や子どもたちの反応等を観察して授業に対する評価をしていたと思います。多くの場合，配布された学習指導案において，授業の目標が明確であり，「導入」「展開」「まとめ」の授業の流れ等がわかりやすく記述されていれば，参加者の誰もが授業当事者の先生に対して「授業をする上で，とても参考になった」等の好評価をしたと思います。

ただ，筆者は１つだけ気になることがありました。それは，学校主催の研究授業の場合，学校全体で研究に取り組むので，その研究目標が設定されるのですが，配布資料にその設定理由に関する記述はあるものの，他の同様の研究に言及した記述は見られなかったことでした。つまり先行研究に関して，ほとんど触れられることはありませんでした。このことは，筆者が参観した多くの研究授業ばかりではなく，地域レベルで実施される研究大会の資料でも同じ傾向でした。学校の教員主体で実施する研究活動と職業研究者主体の学術的研究とでは，先行研究に対する認識が異なると気がつきました。もちろん，学術学会誌の中で見られる査読付きの研究実践報告等においては，筆者が参観してきた研究授業の内容と比べて授業の目標等において大きな差があるわけではありませんが，先行研究の記述がしっかりとあります。

現状は，１つの学校や地域の研究会等で実施される研究活動とその報告書は圧倒的に多いですし，学校教員の中には「研究活動とは，伝統的に実施されている勤務先の学校の方法である」と確信している先生もいます。

そこで先行研究調査がほとんど扱われていなければ，その重要性の認識は持たないでしょうし，「先行研究？　何ですか，それ？」と疑問を持たれるだけで，それ以上は進まないでしょう。また，学術研究学会に参加経験があっても研究を主体的に取り組んだことがない先生は，先行研究の意義についてどれほど理解されているでしょうか。もしかしたらそのことに曖昧で，混同されているかもしれません。

このように，学校教員の中には，先行研究の取り扱いに関して，学術的研究と勤務校で実践されている研究を混同されていたり，あるいは全く知らなかったりという方もいるのです。学術研究に取り組むにあたって，先行研究調査は決して避けることができない営みであることに気づいて欲しいと思います。

### ・先行研究調査の重要性

前述したように，先行研究を調査することは，研究の営みの中では極めて重要と言いました。なぜなら，学術研究において，やろうとしている研究には，新規性が必須条件になるからです。例えば，読者の皆さんが企画した研究について，すでに実施されており学術研究として報告されていた場合は，その企画した研究の価値はないとされます。いわゆる二番煎じとみなされるだけです。

やろうとしている研究が，二番煎じとみなされないためにも，先行研究の調査は欠かせないのです。しかし，やろうとしている研究に関連するすべての文献を調査することは不可能ですし，また必要もありません。どこまで何を調べていくかは，研究の目的と連動しますので，一概にここまで調べるべきというような基準はありません。ただ少なくともやろうとしている研究については，会員数が大きな学会や古くからある学会等で発行されている学会誌は調査すべきでしょう。なぜなら，人が考えつくことは，おおよそ過去においても誰かによって考えられていると頭に入れておいたほうが，自分のアイディアを過信することから回避できると，筆者は考えています。「考えることは皆同じ」という諺があるように，人の考えつくことは大体似たようなものと認識しておくことをお勧めします。その上で，まずは有名どころの学会のリソースから，やろうとした研究が，「すでに報告されているのかどうか」「いつどこの誰によってされているかどうか」「あるとすれば，どのような成果として報告されているのか」「どこまで新規性はあるのか」等の問いを持ちながら進めると失敗を起こすことはまずありません。

# 1-9　論文作成のためのツール：先行研究収集も含めて

### ・インターネット活用の意義

筆者が，大学院の博士課程に在籍していた2000年代初頭では，自宅でインターネットを活用して研究に必要な情報を検索してダウンロードできる状況にはありました。そして「これは何としても手にいれたい」となっても，入手できる情報は非常に限られていました。その状況を今日と比べると，情報検索の速さ，情報量の多さ，検索サイトの増加等において，わずか10数年しかたっていないのに，隔世の感があります。もし現在大学院の博士課程に在籍していれば，もっと容易に情報を入手できたであろうと考えてしまいます。つまり，研究環境等がますます整備され，それが実行しやすい時代になっていると実感しています。

学術論文の作成において，研究活動に必要な情報入手が必須になりますが，これまで何度も述べていますように，インターネットを活用して効率よく必要な情報検索・入手をしていくことがとても重要になってきます。論文作成は，ひまな時（時間のある時）に取り組めばなんとかなるものでもありません。大学院生が，大学院修士課程や博士課程のスタート時において研究計画書の提出を義務づけられていることからしても，論文作成までを含めた研究の営みには，時間的制約があると考えるべきです。大学院で学位取得した先生方であれば，このことに異論を呈することはしないでしょう。さらに言えば，時間の制約があるということは，見通しをもって研究活動をしなければならないのです。研究活動の背景には，それが，計画的であり時間的制約もあると認識すべきであり，それをふまえれば，インターネットの活用の意義について，ますます理解を深めてもらえると思います。

### ・統計処理ソフトの有用性

さらに，論文作成する上で知っておいた方がよいツールについて，お話しします。これも筆者が大学院博士課程での経験をもとにしています。筆者は医療系の大学院で学びましたが，出身大学と出身大学院（修士課程）は教育学系でしたので，見るもの聞くもの全てが新鮮でした。その中の一つに，統計ソフトがありました。筆者が実験データの処理で悩んでいたときに，医療系の学部出身者である大学院のゼミの後輩が，とても興味深いことを教えてくれました。彼いわく，「医療系の大学では，大学の授業の「統計」がはじまると，みんな一斉に統計ソフトを購入して，先生から課題を出されたら，それを使ってレポートにまとめて提出しますよ」とのことでした。その時点まで，統計処理とは，計算機でコツコツ数字とにらめっこして自力で計算するものと信じていましたので，彼のコメントはまさに目から鱗でした。彼がイチオシのソフトは，柳井久江著『4 Steps エクセル統計　第2版』（オーエムエス出版）でした。その内容は，t 検定等の基本から，多重比較等の応用まで使えるという優れもので，統計ソフト「Statcel」が付属品として付いていますし，値段も 4,000 円程度ととても安いです。2017 年 3 月時点では，その第 4 版が出版されています。

柳井氏は，本書第一版の「はじめに」で，「本書により多忙な研究者が煩雑な統計処理に掛ける時間を少しでも軽減でき，余ったエネルギーをより有効に活用できることになれば幸いです」と述べています。このことに初めて触れた時も当時の筆者にとって，目から鱗でした。統計とはその概念としくみをしっかりと理解し，理解度を確かめるために練習問題を繰り返しながら取り組んでいくものという自分なりの統計学習のイメージに縛られていました。統計処理はツールで良しとする柳井氏のコメントにとても納得できました。それ以来，このソフトを使って研究で得たデータを分析するようになりました。なお，研究者の世界では，SPSS（IBM 社製）という統計解析ソフトが有名であり，その性能も良いとされ，使用される頻度も相当高いです。しかし，柳井氏の統計ソフトよりも値段は高く，条件付きでしか個人で購入できない品物のため（学生のみが対象で期限付き），大学の研究者等との関わりを持つことができれば，大学等にある SPSS を使用できる可能性が出てくるかもしれません。いずれにしても，学校の教員が統計処理するには，研究活動に習熟するまではStatcelで十分だと思います。

# 実践編
（応用編）

# 2-1　研究を始めるには？

・研究分野を選ぶ

研究を始めるに当たっては，まず大まかな研究分野を選ぶ必要があります。難しく考えることはありません。日ごろの実践の中で疑問に思うこと（なぜＡ君は本読みが下手なのだろうなど）や知りたいこと（落ち着かないクラスをどう集中させればよいかなど）をまず書きだしてみることを始めてみましょう。そして，その中の特に自分が知りたいことに順位をつけてみましょう。そうするとそれぞれが意外に関連していることがわかってきます。次におおまかな共通する言葉をさがしてみましょう。例えば，「読みや書き」「教授方法」「保護者対応」「教材」などが出てくると思われます。これらが大きな研究分野となります。研究分野は複数あってもかまいませんが，できたら１～３個くらいに絞ったほうがよいと思います。

・研究を計画する

次に研究を計画する必要が出てきます。そのためには今まで知りたいことについてどんな研究がされているのか調べる必要があります（調べ方は次の項参考）。調べてみると自分の知りたいことがどの程度わかっているのかがわかります。わかってなければ，それを調べることが研究テーマになります。わかっているが，納得できない場合は，追試をしてみるなり，やり方を変えて試してみる必要がでてきます。

このようにテーマ（目的）がでてきたら，どのようにそれを確かめるかを考える必要がでてきます。どのような方法で，どのような人もしくは物を対象にするのか，どれくらいの期間をかけるのかなどを，自分のできる範囲と相談しながら考えてみましょう。壮大な計画もいいですが，まず自分が無理なくできる範囲から考えていきましょう。そうでないと挫折しかねないからです。

### ・研究計画書の作成

考えていることを実行する前にそれをきちんと書いておくことが大切になります。なぜかと言えば，思ったように研究結果が出なかった時どこがうまくいってなかったかをきちんと振り返ることができるからです。このことは次の研究につながっていきます。難しく考える必要はありません。ともかく大ざっぱでもいいから書いてみることから始めてみましょう。大きくは目的，方法（どんなやり方で，どのような人もしくは物を対象に，どのようなことをするのか）を書くことです。それを試してみた結果の予測もできたら書けるとよいと思います。

### ・研究成果をまとめる

実際に研究をしてみると，なんらかの結果がでてきます。それが予測通りであっても，予測と違っていてもなぜそうなったかを考える必要があります。考えていくと，また確かめたいことが出てくるかもしれません。するとそれが次の研究テーマとなっていきます。このように確認を繰り返すと，一定の結論が出てきます。それらの研究をきちんとならべて示し，だからこのように考えられると根拠をもって結論を示すことが大切なのです。

### ・スーパーバイズの必要性

このような手順で研究を行うのですが，大切なのはそのことをよく知っている人に，最初から相談してみることです（小難しく言えばスーパーバイズを受けるという）。少なくとも研究成果をまとめるに当たってはそれを受ける必要があります。必ず近くにそのことをよく知っている人物がおり，わからない場合は学会に参加してポスター発表等からさがしてみたり，先行文献で知った人に連絡を取ってみたりするとよいです。たいていの場合快く引き受けていただけると思います。また，近くにそういう人がいない場合，近くでそれらがわかっている人を紹介してもらうのも良い方法です。

# 2-2　先行研究の調べ方は？

・研究論文の引用文献で見つける

校内にあるさまざまな本や教育センターなどの研究紀要や年報があれば，目次をざっと見てみましょう。その中で自分に関係した内容らしきものがあれば，それを見てみましょう。または関係するような単語が題目に入っていたらそれもチェックするとよいです。たいていの場合，その研究論文には今までの研究がまとめられています。その中で自分に関係がありそうな研究があればその研究の元の論文は最後にある引用文献や参考文献の中に載っています。そのオリジナルの論文を取り寄せてみれば，その研究の先行研究がまとめられています。このように１つの論文から問題にしているテーマの先行研究は調べることができるのです。

・学会誌の「総論」「年報」などで知る

学会によっては１年間の研究をまとめた「年報」を出しています（わからなかったらスーパーバイザーに聞くのもよい）。この中ではさまざまな研究の１年間の動向を論文の紹介とともにまとめてあります。その中で自分のテーマに一致する論文を見つけることができます。そうすれば先に述べた方法で先行研究を調べることができます。また，学会誌によっては展望として，あるテーマに沿った研究の流れをまとめて次への展開をしめす論文が載っていることがあるのでそれらを参考にするのもよいです。学会誌はその学会の会員が持っているので近くにいる会員に聞いてみるとよいでしょう。

・インターネットで調べる

今はほとんどの人がインターネットを利用していることでしょう。便利なものなのでこれを利用して文献をさがすとよいです。検索ソフトを使い，キーワードを入力するだけで，たくさんの論文を探してくれます。キーワードが大雑把だと，恐怖を覚えるくらいヒットし（何万個も論文がでてくる）驚くかもしれませんが，そういう時はキーワードの数を増やしていくと，その数がどんどん絞られていくので心配はいりません。しかし初心者が最初から検索しようとしても難しいでしょう。まず，そのような検索ソフトを使ったことのある人をみつけて教えてもらうのが手っ取り早いです。慣れれば，すぐに見つけられるようになりますし，やはり便利なものであることはまちがいがないです。論文によっては取り寄せなくてもインターネットから論文そのものを読むことのできるものもあり，まずは使ってみることが大切です。

具体的には，理論編（基礎編）でも紹介したように，論文検索サイトCiNiiが便利です。このCiNiiは，国立情報学研究所が運営し，そのＨＰによると2017年３月現在では，約645万件の論文にアクセス可能であり，そのうち約446万件の論文をダウンロード可能とあります。ダウンロードできる論文は，無料なわけですから大いに活用すべきでしょう。このCiNiiの他にも，論文検索サイトはあり，例えばGoogleの文献検索サイト「Google Scholar（グーグル・スカラー）」もとても役に立ちます。CiNiiでダウンロードできなかった論文が，Google Scholarではできる場合も少なくありません。こちらももちろん無料です。この２つの文献検索サイトを知っていると，研究活動にはとても大きな力を貸してくれますので，ぜひ活用しましょう。

### ・図書館で集める

それでもインターネットが苦手，もしくはそのようなインターネット環境がない人も数多くはないでしょうがいることと思います。そのような人は図書館に行ってみることをお勧めします。特に，今は大学の図書館によっては地域に開放しているところもあり，近くにそのようなところがあればぜひ行っていただきたいです。一般の方も，手続きさえしてしまえば，その大学に所属する学生ほど自由度は高くないですが，論文の閲覧やコピー等はできます。大学図書館の司書は学生の文献検索を手伝っていることが多く，お願いさえすれば文献の検索の手伝いをしてくれます。その文献そのものが図書館にある場合もあり，閲覧やコピーができることもあります。

　地域の公的図書館ではどの程度できるかはそれぞれの図書館によりますが，ただその図書館にある書籍の検索はしてくれるはずです。それらの書籍から，基本的な知識を得ることができますし，書籍の巻末には参考文献等が載っていることが多く，そこから文献を探すことができます。これを繰り返していくと大まかな研究の流れが見えてきます。また，事前にCiNiiで文献の名称，出版年を調べ，公立図書館等に頼むことで，郵送料と資料コピー代は必要ですが，取り寄せてもらえます。

　次に，国立国会図書館の利用です。この図書館は，さまざまなサービスを提供していますが，その一つに「遠隔複写サービス」があります。事前に登録手続きをすれば，このサービスを使って，公立図書館等にいかなくても自分で文献資料等を取り寄せることができます。詳しいことは，国立国会図書館のホームページを見て確かめてください。

　読者の皆さんのお住まいの近くに大学や公立の図書館があれば，積極的に利用してほしいですし，何らかの都合でそれらを訪問できない方は，国立国会図書館のサービスを十分に活用されるようにお勧めします。

# 2-3　仲間をあつめよう

### ・研究会参加の勧め

研究を始めようと思っても，一人ではどうしていいかわからず，なかなかスタートできないことが多いのではないでしょうか？　そんな時，お勧めしたいのは，身近な研究会に参加してみることです。いろいろな研究会があると思いますが，どのような研究会に行けばいいかわからない時は，その研究会に参加している人に内容をきいてみると自分の関心のある内容を含んだ研究会かどうかわかります。

そのような研究会が見つかったら参加してみてください。そこで今どのようなことが皆の関心事であるのか，誰がどのようなことに関心を持っているのかがわかると思います。また，研究会での発表をみることは，どのように相手にわかりやすく伝えるかのモデルにもなります。

### ・研究仲間を作ろう

研究会に参加すると自分と同じような問題に関心を持っている人が見つかるかもしれません。そうしたらぜひ交流を深めていただきたいと思います。一人だとなかなか進まない研究も，仲間がいればお互いに刺激しあって頑張ることができます。思わぬネットワーク（その分野の専門家を知ってるなど）がその人から拡がるかもしれません。

研究会へ参加することしか，このような研究仲間は見つからないのかというと，そういうわけでもありません。他校の研究発表会，学校にくる講演会や講習会の案内など，いろいろな機会を使って自分と同じような問題に関心を持っている人を探すことができます。自分が興味を持った講演会の講師に，このようなテーマを研究したいのですが詳しい人を紹介していただけませんかとお願いするのも１つの手です。全国を跳び回っているような講師であれば，たとえその人が東京で活躍している人であっても，この地域ではこんな先生がいますよ，〇〇先生に連絡を取ったらいいですよと言うように教えてもらえることがあります。

　また，いろいろな本や，場合によっては知り合いから借りた学術雑誌などで自分のテーマに合うものがあれば，その著者に直接連絡してみるのも方法としてはあります。この場合も，自分のいる地方で研究している人を紹介してもらうといいでしょう。

### ・共同研究から始めよう

　研究仲間ができたら，まずは共同研究から始めてみるといいでしょう。いままで研究している人たちに交じって研究を手伝うのです。そのことで，研究の目的はどのようなもので，どのような方法があり，どのように結果をまとめ，考察していくのかを身近にみることができます。また，データを取ることを手伝ったりすることで新たな発見があったりするかもしれません。そうしたら，自分で研究をそこからスタートすることができる機会になります。それでも単独で研究することが不安な人は共同研究にして皆で研究を進めていけばよいと思います。

# 2-4 学会発表するには？

## ・発表する学会の選び方

研究するテーマも決まり，その研究についての先行研究もある程度把握できた，そこから自分の独自の視点から研究を行い，ひとりよがりにならないようにスーパーバイズを受けて研究結果がまとまったら，学会発表をしてみましょう。

ここで困るのは，どのような学会において発表すれば良いかということでしょう。全国レベルの学会（日本LD学会，日本特殊教育学会等）では少し敷居が高く難しいと感じるなら，地域の学会があれば，そこから始めるのが良いでしょう。そこでもどのような分野の学会かが気になる人もいるでしょう。その場合はその学会に所属している人に，大会のプログラムを見せてもらい，その中に自分の研究テーマと同じようなテーマでの発表があるかどうか確かめてみればよいです。過去2，3年の大会プログラムを見せてもらい，続けてそのテーマで発表されていれば大丈夫，その学会で発表すれば確実にいろいろな意見をもらうことができ有意味な発表となるでしょう。

発表したい学会が決まったらその学会の学会員になる必要があります。学会の大会は非学会員の単独の発表を受け付けないのが一般的です（発表者が学会員で連名発表するとか，シンポジウムのシンポジストになる場合は別）。

## ・発表の種類

さて，発表する学会も決まったら，その学会ではどのような発表方式を取っているのか確認することが必要になります。多くの場合，壇上に上がり制限時間内で研究成果を説明し，その後質疑応答を受ける口頭発表，研究成果を所定のポスターにまとめ，決められた時間内そのポスターの前に立って質問を受けディスカッションするポスター発表，またポスター発表でも，決められた時間で発表し，質疑を受けたあと自由にディスカッションをする形式などがあります。学会によっては複数の発表形式を発表者が選択できるものもあります。この場合は自分が好きなほうを選べば良いのですが，ポスター発表の方が活発な議論ができることが多いです（分野によって異なるかもしれません）。

### ・個人発表と共同発表

研究によっては複数の人で行い，それを発表する共同発表という形をとる場合があります。一人ですべてを行う個人発表の場合は，当然発表するのは当人ですが，共同発表の場合は一番前に名前が載っている人（筆頭発表者）が発表を行います。つまり口頭発表であれば，壇上に上がるのは筆頭発表者であり，質疑を受け，応答するのもその人なのです。ポスター発表においてもそれは同じです。

このため，個人発表するのに自信がない場合は，まずは共同発表に参加して，どのように発表すれば良いかを学んでいって，その後共同発表の筆頭者となり発表するなり，個人発表をするなりの段階を踏んでいってもよいと思います。

### ・発表における注意

後でも述べるように，発表には必ずそれぞれの学会におけるルールがあります（例えば，日本LD学会の場合，口頭発表の時間が1題につき10分，質疑応答8分となっており，使用機材はOHP，ビデオ，パソコンとなっています）。決められた形式，発表時間などを必ず守る必要があります。また学会によっては発表を申し込んでも修正を求められることがあります。その時には，学会の修正ポイントに合わせて発表の修正を行わなければなりません。場合によっては発表不採用ということもありえます。この場合，多くはその学会にはそぐわない発表である（この場合はそれにあった別の学会で発表をおこなう）か，学会の形式にきちんと合わせていない，倫理規定に抵触しているなどの理由があります。そうなった場合はどこが悪かったのかきちんと捉え（わからなかった場合は学会事務局もしくは学会大会事務局に質問すると，必ず理由は教えてもらえます），修正したうえで次回の発表に向けて準備することが大切です。

# 2-5　口頭発表の仕方は？

### ・原稿の作成

口頭発表することになったら当然発表内容に対する原稿を作成する必要があります。まず，プログラムに載せるための発表の演題を決め学会に申し込みを行います（当たり前のことですが申し込み等の期限は厳守のこと）。そして次に大会論文集に載せる原稿を作成しなければなりません。それぞれの学会によって原稿の形式や字数は決まっておりそれに合わせて作成する必要があります。最初に書こうとするとどう書いていいのか困ると思いますが，過去の論文集で似たような演題を見つけたら，それをまねして書いてみるとよいです。一度原稿が出来上がったらスーパーバイザーもしくはその学会に参加した経験のある人に一度見てもらうと安心です。さらに原稿には書けなかったが，あるとわかりやすい資料等があれば，それも準備しておきます。学会で発表する当日に補助資料として配布されることは許されていることが多いです。今はプレゼンテーションソフトで発表内容を提示できることが多いと思います。必要があればこの準備もします。特に動画でないとよくわからないような発表の時は有効です。なかにはこのプレゼンテーションソフトの原稿を補助資料として配布するという場合もあります。

### ・リハーサルをしてみる

原稿が出来上がったらリハーサルをしてみましょう。まずは，一人で時間を計って原稿を読んでみましょう。原稿をスムーズに読むことができず制限時間をオーバーしてしまうか，あるいは早く原稿を読みすぎで時間が余ってしまわないか，チェックするとよいです。プレゼンテーションソフトを使う場合は，発表とスライドを見せるタイミングを合わせる必要が出てきます。これらの時間調整や発表の手順調整などのために何度もリハーサルを行う必要があります。ある程度練習できたら，今度は誰かに聞いてもらって時間を計るとよいです。声がよく通っているのか，話す内容が伝わるのか，初めて聞いた人にもわかりやすいのか，後で教えてもらい少しずつ修正していくとよいです。

**・発表での注意事項**

発表は自分の研究を他の人にわかってもらい，それについて意見を求めることです。そのため，独りよがりにならず，わかりやすく伝えることを心掛けなければなりません。そして，時間を守ることが大切です。時間内に分かりやすく伝えることは難しいものです。そのためにさまざまな工夫が必要になります。補助資料を使う，視覚的に訴える方法を使うなど自分でできることをすれば良いです。最初は失敗もあるでしょうが場数を踏むうちにだんだんコツがわかってきます。最初から発表が上手な人は誰もいません。だから恐れずに発表にチャレンジしてみてください。

**・応答の仕方**

発表の次に気になるのは質疑応答でしょう。まず，リハーサルで，同僚やスーパーバイザーに質問してもらうことをしてみましょう。わかないことはそこから考えていけばよいのです。発表をした後にほかの人から質問されそうな項目とそれに対する答えを用意することも，研究を深めることに繋がりますし，質疑応答に対する不安の解消にもなります。さらにそれらをまとめて想定質問集を作ると安心です。しかし，往々にして質疑応答の時間には想定外の質問が出てることがあります。この時，答えられないものは「わからない」と言ってもかまいません。しかし，必ずその内容はメモし，次回には答えられるように心がけることが大切です。また，想定外ということは自分で思いつかなかった発想であり研究を発展させるヒントと考えると良いです。また，時間があれば質問者に話を聞き教えてもらうのも研究を深めるポイントとなります。

**・発展させるために**

発表しました，質疑応答もこなしました，それで終わりではありません。発表は自分の研究を進めるために行うのであって，そこからどのようなヒントがもらえるかが大事です。また，自分の研究のその分野での立ち位置が発表することで見えてきます（このテーマについて自分は知らなかったがすでに多くのことがわかっているとか，逆にほとんど研究されてない事項であるとか）。これらのことを踏まえて研究の発展をどのように進めていくか考え行くとよいです。

# 2-6　ポスター発表の仕方は？

### ・基本的なポスターのフォーム

発表の形式としてポスターでの発表というものがあります。口頭発表では自分の研究を時間内に話すという形ですが，ポスター発表では自分の作製したポスターの前に決められた時間内在籍し，そこで自由なディスカッションを行うというものです。場合によっては口頭発表のように決められた時間内にポスターの内容を発表し，その後質疑応答を受けるという形式もあります。ポスターの基本的なフォームですが，学会では，まず発表内容の原稿を求められます。これは口頭発表と同じです。この原稿がポスターの基となります。ポスター発表ではポスターを貼る枠のサイズだけが示され，ポスターの形式は自由なことが多いです。しかし，最初に演題と自分の名前，所属を入れることは必要です。

### ・ポスターの作製

ポスターの作製ですが，ポスターが枠内に入れば形式は自由です。大きな一枚のポスターを作るのも良いし，何枚かに分けて作成し，それを順番に貼り付けるのも良いです（図1)。学会に参加する際，ポスターは持参する必要があり，そのことも考えて作成したいところです。ポスター作製は自分のできるやり方で良いですが，相手にわかりやすく伝えるということは心掛けたいものです。そのためには小さな字で枠の半分も使わず，近くまで来ないと内容がわからないというようなことは避けるべきでしょう。一度作成して少し離れて字の大きさや行間などを見てみると，どのくらいが見やすいかわかるので確認してください。できたら，字にもカラーを使いパッと見てもわかりやすくする，グラフや図を使用するなどの工夫をしたいものです。中には教材発表のポスターで教材そのものを提示したという例もあります。

### ・ポスター発表での注意事項

ポスター発表で注意したいのは受付がいるということです。決まった時間に受付をすませ，決められた場所に指定された時間までにポスターを貼り（貼るためのピンなどは学会が準備してくれていることがありますが，用心のため自分でも準備しておくといいです），資料を並べるなどの準備をする必要があります。指定された在籍時間の間はポスター前で待機する必要があります（ちゃんと在籍しているか確認する学会もあります）。在籍時間が終わればポスターを片付けてよいのではなく，在籍時間とは別にポスターを決められた時間貼っておく必要があります。そして時間が来たら直ちにポスターを片付けます。これは次のポスター発表者がその場所を使うためです。

### ・ポスター発表の利点

ポスター発表が口頭発表と異なる点は，自由なディスカッションが展開できることです。気軽に質問でき，時間を気にせず活発な議論ができ，助言をもらえるという点です。しかし，最初のころはなかなか自分から声を

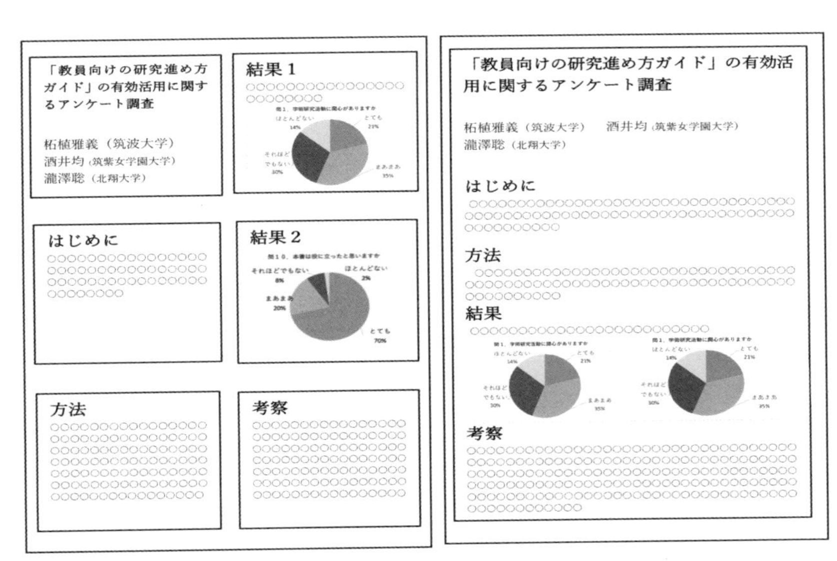


図１　大きなポスター（右）と何枚かに分けたポスター

かけディスカッションに持っていくのは難しいと思います。少しでも興味を持ってくれそうな人には話しかけてみてください。ポスターを覗いてくれる人は何らかの興味を持ってくれていると思ってよいのです。そこでディスカッションが深まれば，それで終わりにせずにぜひ相手の連絡先等を聞いておくと良いです。そこから研究のネットワークが広がってくることがあります。口頭発表でも，もちろんこのようなことは可能ですが，それよりもずっとやりやすいのがポスター発表です。また，口頭発表ではできませんが，複数の人間でディスカッションすることもできるのがポスター発表の良い所です。自分が答えられないことも別の人が代わって答えてくれることもあり，自分がついていけないディスカッションに発展していくことすらあります。この時もしっかりメモを取り，わからないことは質問して教えてもらうと良いです。

### ・応答の仕方

自由なディスカッションができるポスター発表ですが，応答には相手の質問や意見をきちんと聞き，その上で自分の意見を言うという最低限のルールは守らなければなりません。一方的に自分の言いたいことを言うのではなく，時間的余裕があるからこそきちんとした応答を心掛けたいものです。

# 2-7　自主シンポジウムの仕方は？

### ・自主シンポジウムとは

発表を何回かしていくうちに，自分だけではなく，それぞれの立場での発表を並べ，それをきちんと評価してもらったり，会場からの意見をもらったりする場があれば良いと思えるようになるかもしれません。そのような場は自主シンポジウムと呼ばれます。例えば，ある学会の大会プログラムをみてみると自主シンポジウムの所には以下のようにでています。

| 自主シンポジウム　2 | |
|---|---|
| テーマ | 「教員が研究することで大切なこと」 |
| 企画者 | 柘植雅義（筑波大学） |
| 司会者 | 酒井　均（筑紫女学園大学） |
| シンポジスト | 尾﨑　朱（兵庫県宝塚市立養護学校） |
| | 杉本浩美（兵庫県伊丹市立笹原小学校） |
| | 髙田敬子（兵庫県立こやの里特別支援学校） |
| 指定討論者 | 瀧澤　聡（北翔大学） |

多くの場合シンポジウムには企画者，司会者，シンポジスト，指定討論者が必要です。

### ・自主シンポジウムの企画

自主シンポジウムの企画をするには，まずテーマを決める必要があります。次にそのテーマに沿って，いろいろな立場の発表者（シンポジスト）

を決めて，それぞれ交渉し発表することを承諾してもらいます。次にそのテーマにきちんとしたコメントをできる人（指定討論者）に依頼をします。最後にシンポジウムを取り仕切る司会者を決めます。この司会者は企画した人間がなる場合もあれば，別の人に依頼する場合もあります。これらを決めたうえで学会の自主シンポジウムに申し込むことになります。この時になぜこのテーマでシンポジウムを企画したのか，各シンポジストがどのような内容で話をするのか，指定討論者にはどのようなことをお願いしているのかを述べた原稿を提出しなければなりません。自主シンポジウムを企画するとはこのような一連の流れを行うということであります。自分だけで企画することが不安な場合はそのテーマをよくわかっている人と一緒に企画すると安心です。

### ・自主シンポジウムの進め方

自主シンポジウムでは時間管理をきちんとする必要があります。そのためにはシンポジストと司会者，指定討論者がきちんと事前に打合せをすることが必要です。しかし，シンポジスト全員と指定討論者が集まれるのは学会前日か当日ではないかと思われます。このために司会者はタイムスケジュールを事前に各シンポジストと指定討論者に示しておく必要があります。全体の流れとしては，企画者の趣旨説明，各シンポジストの発表，指定討論者からの感想及び質問，会場（フロア）からの質疑応答，まとめ，であり，これらを指定された時間内（90 ～ 120 分が多い）に収めるようにタイムスケジュールを組まなければならないのです。各シンポジストの発表内容が時間内に伝わるようにし，指定討論者にはディスカッションをより深めるための助言と質問を求めていく必要があります。

### ・シンポジストの選び方

シンポジストを選ぶ時はテーマに沿って選ぶ必要があります。例えば，ある教科の教授法をテーマにしているのであれば，それを実践している人を選びます（通常学級での実践者，通級指導教室の実践者，大学でのボランティア教室での実践者など)。ある地域での連携がテーマの場合は，連携しているそれぞれの機関の人を選びます（就学前施設の職員，学校の教員，病院の専門家など)。また，シンポジストの人数は決められた時間を考えて人数を決める必要があります。人数が多すぎると内容が深まらないまま時間切れになってしまうことが多いので注意が必要です。なお，シンポジストは必ずしも学会員でなくてもなれることが多いので，学会員でなくてもふさわしい人がいればぜひその人にお願いしたいところです。

### ・指定討論者の選び方

指定討論者もそのテーマにきちんとコメントできる人を選ぶか，もしくは新しい視点をもってこのテーマにコメントできる人を選ぶようにします。うまく探せない時は近くにいるその学会に詳しい人やスーパーバイザーに紹介してもらうと良いと思います。もし，意中の人に断られた場合はあきらめずに別の方を紹介してもらうようにしたいところです。そのことがシンポジウムを深めるきっかけにもなる可能性があるからです。

### ・自主シンポジウムの利点

自主シンポジウムの良い点は総合的な発表ができることです。さまざまな立場の人が一つのテーマで発表でき，フロアからの質疑応答も含めて(ただしシンポジスト同士で議論が白熱してしまい，フロアからの質疑応答が時間切れになってしまうことも多い）それについての助言を受けることができることです。発表を何度かしたら，ぜひ自主シンポジウムを企画していただきたいと思います。

# 2-8 研究論文とは

**・研究論文とは**

発表や自主シンポジウムを何回か続けると，まとまった知見が見えてきます。それらの知見をまとまった形にしたものが研究論文です。基本的に，なぜこの研究を行ったのかを述べ，次に研究テーマの先行研究を述べます。場合によっては研究テーマに関する用語の定義が一貫していないことや，複数の場合があるので自分の立場を明確に示すためにこの論文での用語の定義を述べることもあります。先行研究から自分の研究の目的が明らかになってきます。そうしたら自分の研究の対象と方法を述べ，その結果から言えることを述べる。さらにそこからどのようなことが考えられるのか，その理論的根拠を示して述べる。最後に，この研究が先行研究とどのような関連性があり，どのような発展性があるか，またどのような限界があったか，そして今後の課題を述べます。その後に引用した文献や参考にした文献を一覧にして載せておきます。研究論文は基本的にこのようなフォームで成り立っています。

**・研究論文の種類**

研究論文には，大きく分けて**原著**，**資料**，**実践研究**があります。これについては後の項で詳しく述べることにします。**展望論文**もしくは**総説**という形のものもありますが，これはその分野の研究を熟知している研究者が行うもので，一種の研究羅針盤のようなものですので，今回の項目からは外してあります。

**・査読とは**

研究論文にはたいていの場合査読が行われます。査読というのはその研究論文を他の研究者が読み，疑問点，修正点を指摘するというものです。

たいていの場合，２名程度のそのテーマにふさわしい研究者が，提出された論文を読み，おかしな部分やさらにデータが必要な部分，ときには考察をこのような視点を加味して書き直してほしいなどの指摘が行われます。論文の筆者は，それに基づいた修正を一定期間のうちに行い，疑問点については自分の考えを述べ，修正点については修正を行い，再提出することになります。これを何度か繰り返しながら，論文を学会誌に載せるレベルまで修正していきます。学会誌に載っている論文の最後に（○年○月○日受稿，◎年◎月◎日受理）と書いている場合，最初に原稿を出したのが○年○月○日で，査読を経て学会誌に載せることを決定した日が◎年◎月◎日ということです。このような査読があるところに研究論文を投稿することは気が引けるかもしれませんが，自分の研究のいろいろな視点が見つかると思って挑戦していただきたいと思います。

なお，査読がない学術雑誌（大学等の研究紀要，研究所の年報など）もあり，まずはそこから投稿して，論文執筆になれてから査読つきの雑誌に挑戦してみても良いかもしれません。

### ・研究論文の進め方

よし！ と決心して，いよいよ論文に取り組むにあたって，まず最初にすることは論文を投稿する学術雑誌を決めることです。大体は自分が学会員であり，学会の大会で何度か発表したり，自主シンポジウムを行ったりした学会の学会誌に投稿することが多いです（例えば，日本LD学会であれば『LD研究』，日本教育心理学会であれば『教育心理学研究』など）。これらの雑誌は学会員になっていれば定期的に送られてきます。投稿する学術雑誌が決まったら，それぞれの学会誌の表紙裏をみてみましょう。そこにはたいてい投稿規定や執筆要項などが載っています。それらを踏まえて論文の執筆を進めていくことになります。基本的には先の“研究論文とは”で述べたフォームを基にして，まずは書いてみることです（できたら一日少しでもいいからパソコン等に向かう時間を決め，一行でもいいから書くことです）。その上で，それぞれの学術雑誌にあわせていく論文執筆を進めていくことになります。詳しくは次項から後のところで述べます。

・**研究論文の構成**

研究論文のおおよそのフレームは，例えば下記のようです。学会誌によって，多少異なります。いろいろな学会誌を見てください。また，それぞれの学会誌の投稿規程も参考になるでしょう。

-----------------------------------------------------

テーマ（副題があれば，それも含めて）
執筆者の氏名（複数いれば全員）
執筆者の所属（複数いれば全員）
概要（400 字程度）
キーワード（３～５語程度）
１．問題と目的
２．方法
３．結果
４．考察
文献
資料（必要なら添付）

-----------------------------------------------------

# 2-9　論文（原著）の書き方

### ・基本的な論文のフォーム

先の項で論文の基本的なことは述べたので，ここでは具体的なフォームについて詳しく述べることにします。基本的に論文は実証研究論文であり，問題（目的），方法，結果，考察（結論），参考・引用文献という形式をとります。問題（目的）では，なぜこの研究テーマが生まれて決定されてきたのかという状況と同時に今までこのテーマについてどのような研究が行われてきたのかを詳しく述べます。この時に先に述べたように用語の説明も場合によっては必要になります。用語の定義が研究者によって異なる，複数存在するなどの場合，自分がどの定義を採用して研究をすすめるのか明らかにする必要があるからです。その上でこの研究の狙いがどこにあるのかを明確に述べます。つまり過去の研究でこのような点が明らかになっていない，先行研究ではここが不十分であるから，その点を明確に示すなどの本研究の目的を述べます。方法については，どのような調査対象かを述べ，どのような手続き（評価を含む）で行ったかを述べます。実験的な研究であれば，被験者の人数や性別，年齢などを述べ，どのような実験方法であったか，実験はどのようにおこなわれたのかを，さらにどのような分析方法を使い，どのように解析したのかを述べることになります。調査研究であれば，調査対象の人数，所属，性別，年齢などを述べ，どのような調査用紙を使用し，どのような方法で調査を行い，どのくらいの期間でそれを行ったかを述べ，どのような分析方法を使い，どのように解析したのかを述べることになります。結果では方法によって得られたデータをわかりやすくまとめて述べることになります。その結果を図や表を使い視覚的にもわかりやすくすることも必要です。さらに，そのデータからどのようなことが言えるのかを述べます。ここではデータに基づいている事実のみを述べ，推論や予測などは入れないようにする必要があります。考察では結果に基づいて，そのデータから考えられること（なぜそのような結果になったのか，その原因や要因についてなど）や，過去の研究から見てどのようなことが言えるのかを述べていきます。場合によってはこの論文では明らかにならなかった事象や新たな課題などの次につながる展望を含めて述べることもあります。最後に引用・参考文献を述べます。これらが基本的な論文のフォームです。学術雑誌によっては，英文での要約が必要とか，キーワードが３つ程度必要であるなど，投稿するためのさまざまな規定があることがあります。これらはそれぞれの学術雑誌の表表紙の裏側などに載っているのでそれに合わせることが重要です。

また学会によっては学会のホームページ等に投稿の詳細がのっているのでそちらも参照すると良いです。

### ・レビューの仕方

問題（目的）の所で先行研究を述べる必要があります。これをレビューといいます。この調べ方は先の「先行研究を調べる」の項を参照にしていただきたいと思います。大切なのはどの研究が誰のものでどの文献から引用してきたのかを明確に示すことです。これはこの論文を読んだ人が確実に元の論文を特定でき，きちんと参照できるように情報を提供するためにも大切なことです。

### ・結果のまとめ方

実験・調査研究において得られたデータをきちんと示すことは大切です。当たり前のことですが，データをただ羅列するのみではいけません。わかりやすく端的に示す必要があります。まず，どのような統計的処理をしたのか明確に述べる必要があります。どのデータを使い，どのような統計を使って処理を行ったのかを述べます。そのうえで結果を表すことになりますが，この時，読む人のことを考え，表や図を使いわかりやすくする工夫をしたいものです。さらにこの結果が，どのようなことを明確にしたいために述べられているのかも明記したいところです。研究目的に関係のないデータはたとえ画期的なデータが得られたとしても示すべきではありません。この場合は研究計画を変更する必要があります。もしくは，この画期的なデータを基に，新たな研究を進めることもできる可能性もあります。

### ・考察について

論文を書く上で一番苦労するのがこの考察でしょう。これにはちょっとしたコツがあります。ただし，これは筆者のいうコツであって，研究者によってその手法や考え方は異なりますが，一言でいうなら「なぜ？」ということを大切にしろということです。結果から何らかの考察を行うのですが，この時まず，この結果から何が言えるのかを考えなければならないのです。結果のデータが示すものは何か，誰が見ても納得できる事実を明らかにすることです。この時には推測等は入れずにあくまでデータから何が言えるのか，それを明確にすることです。たとえ従来言われるような事実と異なっていたとしても今回の結果が大切な事実です。次に，なぜこの結果になったのかを考えなければなりません。先行研究に同じようなことを考察していないか，同じようなことを考察していてもそれが今回の結果に当てはまるのか，当てはまったとしても他の要因はないのかというように考えてみましょう。さらに，もし当てはまらなかったとしたら，なぜそのようなことが起こったのか，その要因は何かというように考えていきます。そうすれば，今回はわからなかったが，次には，このことをはっきりさせたい，そのためにはこのような研究をする必要があるというように研究の発展が見えてきます。大切なのは結果が予測通りになったとしても，そこで満足したり納得してしまわないで「なぜ予測通りになったのか？」と考えていくことです。常に「なぜ？」を大切にしていけば考察も当たり前のことにならず，深みのある考察になってくるでしょうし，発展性のあるものとなってくるでしょう。

### ・参考文献・引用文献について

参考文献や引用文献ついては，論文を読んだ人が，その原本を特定でき参照できるように，それぞれの学会誌のルールにのっとって，もれのないように書く必要があります。基本的には，筆者名のアルファベット順に並べていき，同じ筆者の論文は年号の古い順に並べるようにします。記入するのは，筆者，年号，論文もしくは本のタイトル，論文であれば論文の載っている雑誌名，号数，載っているページ，本の途中からの引用であれば引用したページ，出版社です。また，最近多いのがネットからの情報です。これはその表記の仕方が学会によって指定されているのでそれにならう必要があります。わかりにくいようであれば，投稿予定の学術雑誌のすでに掲載されている論文の最後に載っている参考文献を参照してそれにならっていけばよいです。

# 2-10　資料の書き方

### ・資料とは

基本的に原著論文と資料のフォームは変わりません。したがって資料も問題（目的），方法，結果，考察（結論），参考・引用文献という形式をとることになります。原著にするには物足りないが掲載する意味のある論文が資料となります。したがって論文投稿後の査定の結果，原著のつもりで投稿しても，資料にするように修正をもとめられることがあります。研究によって得られた結果が資料的な価値がある場合は，考察がなくても資料と認められることもあります。これは研究方法がきちんとしており，その研究から得られた結果が研究として優れているとみなされた場合であって，多くの場合は原著論文と同じ形式にのっとって論述されます。ただし，原著であれは予備実験を行いそれに基づいて第一実験を行い，さらにそこから第二実験を行い，それら２つの結果から考察を行いましたが，資料では第一実験の結果のみで考察を行うというように手続きが少し簡略化されることはあります。資料だから論文としてやさしくなるかというわけではないので，そこは気をつけておきたいものです。

# 2-11　実践報告について

・実践報告とは

現場の教師にとって論文を書くというのは時間的あるいは精神的な余裕のなさのため「ハードルが高い」と感じられるかもしれません。しかし，日常行っている教育実践をまとめるという形であれば，まだ取り掛かりやすいし，イメージもわきやすいでしょう。そのような論文の型式が実践報告です。実践報告には，事例報告，指導法の検討ばかりでなく，学校での取り組み，地域のネットワーク構築，また親の会の活動の報告などが含まれます。ただし，学術雑誌によってはこの形式の論文を受け付けない場合もあるので，先に確かめたうえで投稿するべきでしょう。

・基本的なフォーム

基本的なフォームは原著と同じで問題（目的），方法，結果，考察（結論），参考・引用文献という形式をとりますが，問題の中に先行研究は必ずしも必要ではありません。ただし，何を目的とした実践であって，どのような狙いがあるのかは明確に示す必要があります。さらに，実践した方法は具体的にわかるように述べなければなりません。もし，報告を読んだ他の教師が自分もこのような実践をしたいと思った時に，どのようにそれを行うのか，わかるようにしておきたいものです。結果も実践を受けて児童生徒がどう変わったかを単に記述するだけではなく（それが悪いというわけではありません），できたら客観的に表せるようなデータ（数値的に表せるようなチェック表など）で示したいところです。これも他の教師が報告の実践を行った時にどのように変化を見たらよいか大切な指標となるからです。考察も原著論文ほど詳しくなくてもよいです。しかし，なぜこの実践がこのような変化を生んだのかはきちんと理由づける必要があります。なぜかわからないけど良さそうだからやってみた，そうしたら子どもが変化したから報告しようでは次の実践につながらないからです。

### ・読みやすい実践報告とは

発表と違い実践報告では，動画や映像などは使えません。このため実践してきた内容を文章によって示す必要があります。写真や図は使用できますが無制限に使えるわけではありません。そのためにも読みやすい実践報告を心掛けたいものです。そうするには，文章をだらだら続けないようにすることです。1つの文章に1つの内容を心掛け，1文が4行以上にならないように工夫します。また，よくあることですが思いがあふれるために「主語」と「述語」の関係がおかしくなっていることをよく見かけます。思いが強いために一気に書いてしまうこともありますが，冷却期間をおいて（1週間以上あけて），もう一度読み返して，先に述べたことをチェックしてみましょう。意外と意味が不明だったり，言いたいことがきちんと言えたりしていないことが冷却期間をおくことで見えてきます。そうした自己点検を終えたら，他人に読んでもらいましょう。できたらその分野に詳しい人と，詳しくない人に読んでもらいたいところです。詳しい人からの感想やコメントは内容的なものに反映することができますし，詳しくない人からは読みやすさや文章が通じないところなどのコメントがもらえます。慣れないうちは，自分が読みやすいと思う実践報告を真似してみることもよいです。内容を真似しなさいと言っているのではなく，文章のスタイルを真似するのです。書きなれてくれば，それが自分のスタイルとなり読みやすい実践報告になります。

### ・実践報告の意義

実践報告は，子どもとかかわる中で教育を行い，その評価を行ったり，いろいろな相談を受けて支援を行ったりする日々の実践を報告するものです。実践の中で試みた事柄の方法とその結果を整理し，意味づけ，広く皆と共有していくために報告を行うものです。共有していくことにより，実践の広がりとさらなる発展を期待できると思います。

# 2-12　研究倫理とは何か

・研究倫理とは

研究倫理とは，社会における研究行為を行ううえでの責務のことです。すべての人の基本的人権と尊厳に対して適切な敬意をはらうことは，研究者でなくてもすべての人の当然の義務です。その上で，研究者は研究協力者（実験に参加してくれた人，調査に協力してくれた人）に対しては健康・福祉・安全に十分留意することを心掛けなければなりません。さらに彼らのプライバシーを守り，自己決定および自律性という個人の権利を尊重することに最大限の敬意を払うことが大切であります。

・個人情報の取り扱い

個人情報の取り扱いについては，特に注意を払う必要があります。発表等において個人や集団が特定できないように配慮をしなければなりません。また，写真や映像を使用する場合には個人が特定できないようにぼかしや網掛けを入れるなどの工夫がいります。これらの個人情報を取り扱うときには必ず本人と保護者の同意が必要です。つい研究の成果を出すことに夢中になると忘れがちになりますが，ここは必ず押さえておきたいところです。同意をもらう場合口頭で了承をもらっても良いですが，できるだけ文書による同意をとっておきましょう。この形式に特別決まったフォームはありませんが，研究の目的，情報をどのように使うのか，特定できないようにどのように処理するのか，研究以外で使用しないことを明記する必要があります（例を参照）。それをきちんと説明したうえで同意のサインをもらっておく必要があります。また，場合によっては倫理委員会（大学や研究所にはこのような組織が必ずある）に挙げて，そこで倫理的に問題がないことを証明してもらうこともあります。

### ・インフォームド・コンセントについて

研究協力者には，研究に協力するにあたって，その研究について知る権利があります。さらに，それを知ったうえで協力するかどうかを決める権利（自己決定権）があります。そして，研究者にはそれを伝える義務が存在します。これらをまとめてインフォームド・コンセントといいます。このことは研究において大切なことなので忘れないようにしたいものです。

### ・引用の注意

引用についてですが，勝手に人の論文から引用してよいのかと心配される方もあるかと思います。著作権法の第32条（引用）に「公表された著作物は，引用して利用することができる」とあります。このため筆者の許可など取ることなく自由に引用ができます。しかし，同法の第48条（出所の明示）には出所の明示とあります。つまり，研究において参考にし，引用した資料については出所を明示する必要があります（この記入の仕方については「2-9　論文の書き方」のうち，“参考・引用文献について”を参照してください）。特に，論文において，どこが引用部分かということははっきり明示する必要があります。これは後のオリジナリティということと関係してくるからです。資料中の文章をまるごとそのまま使用する場合には括弧付けを行い，最後に誰のものかを明示する必要があります。また，考え方や結果を引用する場合は，誰の考えで，何年の資料からであるかを明示したうえで引用することになります。一つの文章の中に自分の主張と他人の主張がごっちゃにならないように気をつけたいものです。

### ・オリジナリティについて

研究において大切なのは，科学的根拠に基づき，虚偽，誇張や歪曲，扇動がない客観的なデータを用いたものであることと，その研究成果の公表（発表や論文等の形式）にオリジナリティがあるということです。その点で研究目的が大事になってきます。今までの研究とどこが違い，どのようなことを明確にするための研究であるのか目的のところできちんと述べる必要があります。その目的に沿った研究計画を立てて，手続きを的確に（読んだ人が同じことを実行できるように）行い，データを取る。その結果から考察をしていく。その時，常に「なぜ？」ということを大切にしながら考察を積み重ねていき，自分の主張を納得できるものに組み立て，先行研究との比較を行い，その相違点などを明確にし，なぜそうなったのかを述べていきます。この繰り返しにより研究はオリジナリティをもったものとなっていくのです。

同意文書

同意文書に書き込むべき事項は，およそ下記のようです。研究の内容や方法等によって異なります。また，それぞれの学会の倫理綱領等も参考になるでしょう。

----------------------------------------------------------

・研究の目的や研究の概要など
・依頼事項（研究への参画で生じる作業など（インタビューを受ける，質問紙への解答，……））
・いつでも，被験者側（研究依頼を受けた側）から研究への参加を打ち切ることができること。それにより，何ら不利が生じないこと。
・集めたデータは，個人が特定されないように配慮されること。
・集めたデータは，厳重に保管されること。
・集めたデータは，当初の目的以外には使わないこと。
・研究が終了したら，集めたデータは消去されること。
・研究成果を公表する際は，その前に，その内容や方法が知らされること。
・本研究が，研究代表者の所属する学校や大学等から承認されていること（例えば，学校の管理職による承認，校内の研究倫理委員会の承認，大学や研究機関などに設置された研究倫理委員会で承認されているなど）。
・依頼者の連絡先（氏名や連絡先，電話やメールアドレス等）が記載されていること。

・同意する場合，サインや押印，年月日，があること。

---

# 展開編
（さらに研究したい人のために）

# 3-1　大学院に進学するには？

・大学院進学のための留意点

研究を進めた教員が，さらに上を目指して大学院に進学したいと考えるかもしれません。ここからは大学院のことについて述べてみたいと思います。

現役の学校教員が，大学院で学ぶとなると選択肢がいくつかあります。現在のところ，大学院は「修士課程」「専門職学位課程」「博士課程」の3種類があり，各課程内における所定の単位を取得して条件等がそろえば，それぞれ「修士」「専門職学位」「博士」の学位が授与されることになっています。また学べる場所も，通学だけではなくインターネットを通して学習できる大学院もあり通学制と通信制の2種類があります。学校教育関係者であれば，「○○大学大学院教育学研究科修士課程」「○○大学大学院教育学研究科教職実践高度化専攻」「○○大学大学院教育学研究科博士課程」といった名称のある大学院に入学することが多いと思われます。大学院受験では，社会人入試を設定しているところが多くあるので，現役の学校教員であれば，ぜひともそれを利用してチャレンジすることをお勧めします。

大学院入試において，特に注意しなければならないのは，「研究計画書」の提出だと思います。学部と異なり，大学院では院生は研究することがメインになりますので，そのことを前提に入学してもらうことになっています。ですから，この計画書がしっかり書けていなければ，「なぜ受験したのですか」と試験担当者等から疑問がおこってしまうかもしれません。それを回避するためにも，大学院受験を考えている方は，すでに入学している院生に知人等がいたら，「研究計画書」の書き方を教えてもらうか，直接指導を受けたい大学院教員の研究室を訪問し，相談してみるのもよいと思います。

以下では，大学院で実際に学んだり研究したりしたことのある学校教員のエピソードを紹介します。さまざまな研究動機があることを理解し参考にしていただきたいと思います。

・エピソード1

D先生は，30代前半の小学校の先生でした。国語教育を専門とされ，校内の授業公開研究会はもちろん，地域で実施される研究会に積極的に参加して発表しました。国語教育の専門性を向上させたい一心で自らの指導実践をまとめて積極的に発信していました。教員になって7年目の時，小学校2年生のクラスを担任として受け持ちました。25名のクラスだったようですが，その中にE君というASD（自閉症スペクトラム障害）の診断のある児童がいました。

彼は，授業中じっとしていられることは稀であり，何度も離席を繰り返しD先生が注意してもそれが伝わらず，指導の効果がほとんどありませんでした。D先生も必死でした。同僚の先生，校内の先輩の先生，そして大学のゼミの先輩等，あらゆるツテを頼っては，E君が落ち着いて学校生活できる指導について尋ねましたが，指導の効果は現れませんでした。E君のためにこんなに努力しているのに，なぜ成果がでないのか悩んだといいます。結局，E君の状態を良い方向へ変えることができず1年間が過ぎてしまいました。D先生は，自分のE君への指導の非力を感じ，ASDについてもっと深く学びたいと思うようになりました。その時期，ASDに対する支援・指導に関する講演会に参加して，その大学の教員の話をききました。その教員の話を聞いていく中で，ASDについて特性を理解し，その上で具体的な支援・指導を考えることが大切といわれ，そのことに全く気付いていなかったことに気づかされました。その講演者は，たまたま地元の教職大学院の教授でしたので，講演終了後，研究室の訪問が可能かを尋ね，了解をもらって相談したそうです。ASDに関する支援の重要性やその意義について教示してもらい，D先生は，この先生のもとで本格的にASDの指導・支援について学び，研究したいと思うようになりました。勤務校の校長に相談したところ，教職大学院で学ぶことはとても価値あることなので，ぜひ受験しなさいと後押しされて，無事教職大学院に入学できたとのことでした。

### ・エピソード２

次に海外の大学院で修士課程を修了し，帰国してからは小学校の先生として勤務しながら，地元の大学院の博士課程を修了して博士号を取得したＦ先生を紹介しましょう。Ｆ先生は，大学の小学校教員養成課程を卒業した後，幼稚園教員として３年間勤務しました。その後，大学の１年課程（臨時養成課程）で養護学校教諭１級普通免許状（当時）を取得しました。その学びの中で，発達障がいのことを授業で知り，我が国ではほとんど知られていなかったので，そのことに大変関心を持ちました。海外でその理解を深めたく，ヨーロッパのある国の大学院に留学したそうです。修士号の学位を取得後に帰国し，念願だった障がいのある子どもの学校臨床に携わることができました。その場が，通級指導教室でした。学校臨床で発達に何らかの課題がある子どもたちに接する中で，不器用さという共通した現象があることに気がつきました。不器用さの課題に対して，どのような支援をすれば子どもたちがその課題を軽減させ，解消できるのかという問いを持つようになったとのことです。この研究疑問に対する回答を得るためには，大学院の博士課程に所属して研究するしかないとの結論に至り，幸いにも夜間開講の大学院博士課程が地元にあったので，そこで研究活動するための入学準備を始めました。無事に入学を果たし，紆余曲折があったようですが，約５年間での学びと研究を経て博士号の学位を取得したそうです。

### ・エピソード３

最後に幼稚園園長として大学院教育学研究科に院生として所属しつつ活躍しているＧ先生のことを紹介します。Ｇ先生は，地元の大学を卒業した後，すぐに中学校の国語科の教員として赴任しました。勤務しながら結婚と出産，そして子育てをしながら，中学校教員として勤務されました。教員歴 30 年に差し掛かった時，ある方からＧ先生を幼稚園園長として迎えたいと依頼がありました。当初，そのことに驚きを隠せなかったものの，時期的には子育ても一段落がつき中学校教員としても学級担任として３年生を無事卒業させたという節目もあり，幼稚園園長としてのセカンドキャリアを歩み始めました。幼児教育は全くの初体験でありましたが，何とか1年目を乗りきりました。しかし，G先生は他の教職員に支えられて乗り越えられたという認識がありましたので，幼稚園の経営を安定させるためにも，自らリーダーシップを発揮しながら彼らとともに教育現場を充実させようと決意しました。障がいがあってもなくてもどの子もかがやく保育を目指していきたいと明確な目標を持つようになったそうです。それで，大学院で学び直しをすることにしたのです。大学では教育心理学のゼミに所属していたので，大学院でも教育心理学をベースに考えたようです。おりしも公認心理師という国家資格の情報がG先生にも伝わり，それが取得できるかもしれないとますます意欲的になられました。それで大学の恩師らに大学院の受験について相談したそうです。G先生いわく，恩師に大歓迎されたので，受験することにしたとのことでした。その結果は，合格でしたが，院生として登録し，研究活動に取り組んでいるそうです。

**・人それぞれの大学院入学動機**

ここでは，D先生，F先生そしてG先生の大学院で学ぶきっかけや経過についてご紹介しました。D先生は，発達障がいのある児童1名への指導・支援について限界を感じたこと，F先生は，通級指導教室の指導・支援に携わり子どもの共通した課題に気づき，その背景要因について明らかにしたかったこと，G先生は，公認心理師の取得と保育の充実をめざしたいこと等，学校の先生にとって，研究動機はさまざまですが，目的的な活動をしてとても充実した研究生活をおくったようです。

# 3-2　学位（修士号・博士号）をめざすとしたらどうする？

### ・教職大学院のおすすめ

論文作成も含め系統だった研究活動をしたことのない学校の先生が，一発奮起してそれをしたいと思い立ちいざ始めようとなっても，中々思い通りにはいかないと思います。それでも，「ちゃんとしっかり学びたいな」と考える先生もいらっしゃるでしょう。そこで，筆者からお勧めしたいのが，教職大学院です。文部科学省のHP（2017年3月現在）によると，教職大学院の目的と機能には主に2つあるとされ，それらは「1.学部段階での資質能力を修得した者の中から，さらにより実践的な指導力・展開力を備え，新しい学校づくりの有力な一員となり得る新人教員の養成，2.現職教員を対象に，地域や学校における指導的役割を果たし得る教員等として不可欠な確かな指導理論と優れた実践力・応用力を備えたスクールリーダー（中核的中堅教員）の養成」です。いじめや不登校等の学校が抱える複雑で多様化した諸問題に対応できる高度で専門性のある教員を養成することが目的のようですが，この課程では，研究活動も含まれています。筆者がお世話になっている教職大学院の教授によれば，教職大学院は，通常の大学院修士課程と同じように所定の単位の取得は必須ですが，研究活動も指導教員のもと，実施されるとのことです。

全国の教職大学院の動向は文部科学省のHPで確認できます。平成29年度国私立教職大学院入学者選抜実施状況の概要によりますと，全国に教職大学院は，国私立合わせて，53校（国立46校，私立7校）あり，志願者数合計は1,744人で，入学者数合計は1,342人です。その内訳として現職教員学生648人，学部新卒学生等694人です。現職教員と学部新卒学生の比率がほぼ半々です。教職大学院は2008年（平成20年）度4月に開校され徐々に知名度も上がり，入学者数が増えています。教職大学院に入学するには，その授業料等を自費でまかなうのが原則と思います。しかし，自治体によりますが，現職の正規教員が現職教員派遣制度を使ってこの大学院で学ぶこともできますので，関心のある先生は，ぜひ勤務先の自治体にある教育委員会に問い合わせてみてください。

### ・通信制大学院も候補の一つ

教職大学院に関心が持てても，居住場所から通うことが困難であったり，自分のペースで単位取得や研究活動のための指導を受けたりしたい方は，通信制の大学院がお勧めです。教職大学院ほど数は多くはありませんが，筆者の数名の知人にも現場の教員として勤務しながら，教育学修士の学位を取得された先生方がいらっしゃいます。彼らに共通した点は，修士号の学位を取得したいという目的からブレることがほとんどなく，常に見通しを持って行動していた点でした。勤務しながら学位取得を目指すのですから，教育現場で想定外のことが起きても，しっかりと対応して責任を果たしつつ，学校の夏休みや冬休み等の長期休暇期間を上手に使って，大学院の履修科目を取り，修士論文作成のための指導を受けていました。目的を見失うことなくコツコツと必要なことに対応できる先生には，通信制の大学院も選択候補の１つになるでしょう。

### ・大学院博士課程へのチャレンジ

読者の皆さんの中には，すでに教育学修士号を取得されている方もいらっしゃるかもしれません。そのような方の中で，修士課程在学中の論文作成では辛いこともあったけれど，振り返ってみれば楽しいことの方が多かったと感じているならば，その先生は，研究の営みの面白さを体験されたと言えるでしょう。次のステップとして，博士課程で本格的に研究するというチャレンジがあっても良いのではないでしょうか。自ら問いを見つけて，その回答を求めていくという研究の営みに面白さや楽しさを味わってしまったら，それを発展させた博士課程での研究活動にもチャレンジできると思います。博士課程の院生は，誰も追及したことのない研究テーマを設定し，その回答を見つけ出していくのですが，指導教員による指導を受けながらも，基本的には単独で進めていくことになります。まさしく知的冒険そのものであり，そのことを楽しめるなら，きっと博士号の取得は可能になるはずです。

ここで，あるデータについて触れたいと思います。『働きながらでも博士号はとれる』（都丸孝之著，研究社，2014）という著書の中に，「社会人の博士課程の入学者数」の推移をグラフ化したものがあります。それによると，1987年に148名だったのが，25年後の2012年には5,790名となっており，現在，我が国では，勤務しながら博士課程に在籍して研究活動している人が増加傾向にあると言えます。筆者も小学校の教員でしたが，2001年に医療系の大学院後期博士課程に入学して勤務しながら研究活動を続け，2006年9月に博士（作業療法学）の学位を取得しました。その当時，小学校の教員が博士号を取得することは，全国的にみても珍事だったかもしれませんが，やる気と情熱で，ゴールにたどり着けました。

筆者の経験からすると，学校の教員が，博士号を取得するには，通学制の大学院博士課程に入学した方が最もリスクが少ないと言えます。なぜなら，大学院によっては，社会人の院生のために演習等の授業を夜間に開講したり，指導教員が院生の都合に合わせて論文指導してくれたりと，社会人の院生に対して配慮した指導をしてくれることが多いからです。一方で数はぐんと少なくなるのですが，通信制の大学院博士課程もあります。インターネットを通して通信制の大学院博士課程の学生募集要項を確かめてみると，全国的に入学者の募集数が少ないのが現状のようでして，入学するには狭き門と言えるでしょう。それでも地理的条件が合わないため，どうしても通信制の大学院博士課程でなければ研究のための指導等を受けられない方もいると思われますので，さらに入学情報等をご自身で集める必要があるでしょう。

**・学位取得後の未来**

修士号や博士号を取得した後は，どうなるでしょうか。学校の教員の場合，特段変化がない人もいれば，大学の教員等に転職する人，あるいは学校現場から教育委員会等の教育行政に配置転換される人等，さまざまと思われます。筆者にとっては，博士号は研究者として自立していける能力を持ったことの証明であり，自身の研究の営みにおける1つの通過点に過ぎないという認識を持っています。むしろ論文作成まで含めた研究活動のスキルを獲得したことが，教育現場にある複雑で多種多様な課題を解決するチャレンジの動機になっています。つまり大切なことは，博士課程で得た研究スキルを現場の諸問題解決に積極的に活かすことです。そして，その成果が得られたのなら，論文としてまとめて発表することで，公共的知見とみなされる可能性が出てくるかもしれません。そうなれば研究成果が，社会貢献につながったと実感できて，さらに研究活動に邁進していこうとなるでしょう。

# 付録

（研究方法概説）

# 観察法

**(1) 概説：**

子どもの学びや学校生活を，自然な状況や実験的な環境で観察，記録，分析し，行動の質的，量的特徴や行動の法則性を把握していこうとするもの。

**(2) 目的：**

行動記述，行動測定，行動評価，印象評定のいずれかを観察し，データをもとに行動の法則性を理解し，子どもの学びや学校生活をスムーズに行えるように，現状の理解を深めることにある。

**(3) 具体的な実施方法・手順：**

観察法にはいくつかの手段があり，行動を日誌のように綴る**日誌法**，行動の偶然的発生をまとめた**逸話記録法**，特定の行為をまとめた**事象見本法**，行動の流れを時間を追って特定の行動の有無や頻度を綴った**時間見本法**，観察した行動の印象を数値的にまとめた**評定尺度法**がその例である。

どのように行動を観察するかによって，必要になるデータは多少異なる。おおまかには，観察すべき行動を念頭に置き，どのような方法で観察し，記録することが行動の法則性理解につながるかを見極める。

いずれにせよ，一貫したデータを取ることが重要なため，研究を始める前にデータの取り方を吟味することが必要不可欠である。例えば，1日に1度あるかないかの問題行動には，時間見本法のような一定の時間に問題のある行動の有無を記録するような方法は適していないと言えるであろう。

**(4) 注意事項・配慮事項：**

子どもの行動を観察する上で，まとめられた情報・データが信頼性のおけるものであるかどうかが重要である。同じ観察が，複数の場合においても（個人内），観察者が変わっても（個人間），一貫性のあるデータであるかということ。また観察したものが信頼できるものであること（信頼性），測りたい概念をきちんと計れていること（妥当性），公正に行われていること（倫理性）を保証するものであること。このようなことを踏まえて，観察者が訓練を重ね機器やデータを取る際の記録用紙の使い方を熟知していることや，主観的印象により行動を見ないための工夫，操作的定義を明らかにすることなどに配慮することが重要になる。

（市川真希）

# 産物分析法

**(1) 概説：**

産物とは,「あることの結果として生み出されたもの」のことである。そのため，研究分野により，研究対象とする産物の種類は異なる。教員が教育活動の中で研究を実施する場合，子どもの変化から，指導の効果等を明らかにする研究が想定される。その場合，分析対象は子どもが教育活動の中で子どもが取り組んだテストの結果，作文，ノートなど，成果として生み出されたものとなる。学校では，子どもが取り組むあらゆる活動から成果が得られることから，分析対象とする産物は，研究目的に合った物を選定することが大切である。

**(2) 目的：**

日々の教育活動で子どもが取り組んだ物を対象に，分析者の視点をもって検討するものである。子どもの学習過程における変化を確認したり，指導上の観点から，指導の効果と子どもの変化の関係を明らかにすることを研究の目的とすることが多い。

**(3) 具体的な実施方法・手順：**

学習活動の中で子どもが作成した物が分析の対象となるため，データの収集方法は多様だと言える。しかし，目的によって，データ収集時に条件を設定しておく必要もある。ここでは，作文分析と誤答分析について概説する。

〈作文分析〉

作文分析では，子どもが書いた作文を分析対象とし，作文に書かれた内容に注目して分析することもあれば，作文全体の構成を包括的，もしくは観点ごとに分析することもある。後者の場合，例えば，文の構造を分析する場合，量的な側面の分析基準として，文数，文節数などが考えられる。また，質的な側面の分析基準として，文の種類による使用頻度や接続節の使用頻度といった文の複雑さなどが考えられる。文字を書くことが苦手な子どもであれば，文字の大きさや整い具合といった側面も分析の基準となる。

〈誤答分析〉

誤答分析は計算や語学における誤答のデータを収集するもので，①データの収集，②誤りの記述の確認，③項目別，原因別の分類，④誤りの出現頻度等の分析，⑤学習困難点の発見という流れが一般的である。誤答分析で大切なのは，誤答の多さを確認することではなく，誤答の原因を明らかにすることである。また，誤答数が減ったのであれば，何が効果的であったかを明らかにすることも必要であり，あらかじめ研究のデザインを考えておくことが望ましい。

**(4) 注意事項・配慮事項：**

子どもが取り組む全ての物が分析データとなりうるため，研究目的と方法にあった，対象データを選定しておくことが必要である。また，数字以外のデータを扱う場合には，分析に分析者の主観が反映されやすくなることを意識しておくことも必要である。

（伊藤由美）

# 検査法

**(1) 概説：**

検査法は，標準化された検査を使い，知能や性格傾向，コミュニケーション力，学習能力等，その人の持つさまざまな力や傾向を測るもので，測定しようとする目的に応じて検査器具や実施方法が異なる。検査の実施にはマニュアルにしたがった厳密さが要求される。必要に応じて検査を組み合わせることで多面的にとらえることが可能となる。

**(2) 目的：**

標準化された検査を使うことで，客観的に知的な能力や性格傾向などを測定すること。

**(3) 具体的な実施方法・手順：**

検査には，質問紙法（Y-G 性格検査，MMPI［ミネソタ多面人格目録］など）や投映法（ロールシャッハテスト，TAT［主題統覚検査］，SCT［文章完成法］，風景構成法，バウムテストなど），作業検査法（内田クレペリン精神作業検査など）といった方法の違い，幼児用，児童・生徒用，成人用といった対象の違い，年齢や性別による違いがある。さらに集団法と個人法といった場面設定による違いがある。種類も対象も非常に多様であるため，目的に合った適切な検査を選択することが重要である。

さまざまな種類の検査があるが，検査によって，使用する器具や記入用紙，実施方法が決まっている。それぞれに実施と分析のためのマニュアルがあるため，それにしたがって，実施・分析をすることが大切である。また，個々の検査は目的に応じた側面しかとらえられないため，複数の検査を実施することで多面的に把握をすることができる。その場合，どの検査を組み合わせるのが妥当であるか吟味しなくてはならない。それぞれの検査により手順が異なるため，事前に手順を確認しておくことは必須である。

**(4) 注意事項・配慮事項：**

検査を実施する前には必ず了解を取ることが必要である。

検査の結果は検査に対する回答だけでなく，対象者の様子も重要な情報となるため，必ず記録をしておく。また，検査の実施において，実施者の存在が検査結果に影響する可能性があることから，分析の際には実施者の習熟度，対象者との関係なども情報として加えることが必要である。

対象者の年齢が低い場合や検査に乗りにくい場合など，対象者に合わせた対応をすることがある。知能検査など設定の重要性が求められる検査の場合には，できるだけマニュアルに則りつつ，特別に配慮をした際，分析時の情報として記録をしておく。

（伊藤由美）

# 事例研究法

**(1) 概説：**

一事例または少数事例について個別性を尊重し，その個別性を研究する方法。観察によりデータを取る方法と，例えば教育相談のように介入した事例の経過を分析する方法がある。

**(2) 目的：**

個人の問題解決，特殊なケースの報告，一事例または少数事例の報告から法則や理論を見いだすことなどを目的としている。

**(3) 具体的な実施方法・手順：**

①事例の対象を決め，なぜその事例を選択したのかについて目的を示す。
②いつ，どこで，誰が，何を，どのように観察と記録を行うか決定する。
③事例の観察と記録を行う者を２名以上集める。必要であればビデオやカメラを用意する。
④介入を行う事例については介入前後の条件が等しくなるように設定し，測定可能な物事を記録し，できるだけ数値化して分析できるようにする。
⑤記録したものは表やグラフにまとめる。測定対象が記述であれば詳細な内容をカテゴリーごとに分類したり，介入した場合は介入前後の変化をグラフ化したりして分析し，考察する。

**(4) 注意事項・配慮事項：**

①事例の観察と記録を行う時は一人ではなく複数の観察者が同時に行う，あるいはビデオに記録し，複数の観察者で記録が一致しているか確かめる必要がある。
②介入効果を検討する際は必ず介入前後の条件ができるだけ等しいものであったか確認する必要がある。実践場面において介入前後の条件が全く

同じという状況を作り出すことはなかなか難しい。しかし介入前後の変化は本当に介入したから変化したのか，別の要因が関係していたのかどうかを注意する必要がある。例えば，学習にICTを活用する介入前後で子どもの学習成績が向上したとしよう。そうすると学習成績の向上はICTの活用によるものだとすぐに言ってしまいたくなるが，介入前後の条件が同じでなければ，そうは言い切れない。なぜならもし介入時期に小テストの回数を増やしていたとしたら，学習成績の向上は小テストを増やしたことによるものとも考えられるからである。

③一事例，または複数の事例に深く関わることから倫理的な配慮が必要になる。研究の目的に関する説明，研究結果の報告，データの保管や公表に際する協力者の同意など倫理面に注意が必要である。

（長山慎太郎）

# 質問紙調査法

**(1) 概説：**

質問紙調査法は一般的に量的研究のための手法に分類される。量的研究とは，ある現象を量的（数的）なデータをもとに理解する「仮説検証型」の研究である。質問紙調査法で質的研究を行うことも可能だが，ここでは量的研究のための質問紙調査法について紹介する。

**(2) 目的：**

質問紙（アンケート）を用いて，回答者の状況や考えなどを収集する。

**(3) 具体的な実施方法・手順：**

①リサーチクエスチョンの設定

検証したい仮説を立てる。例として「日本の小学生はパンよりご飯を好む」という仮説の検証を行うことを想定する。

②質問項目の設定

得られた結果を統計的に分析する場合は，質問紙項目の信頼性や妥当性を検討する必要がある。

③質問紙の配布と回収

「日本の小学生」について仮説検証をしたければ，厳密には日本の小学生全員か，日本中の小学生から無作為抽出した子どもたちを対象にしなければならない。しかしこのような手続きは非常に手間がかかるため，実際は，限られた集団（例えば，A 県 B 市内の小学生 1,000 人）に実施されることが多い。質問紙の中にフェースシートを入れ，調査対象がどのような集団か把握しておくことが重要である。

④質問紙の分析

「パンが好き」という回答が 100 個，「ご飯が好き」という回答が 99 個だったとして，この結果を「差がない」ととらえるか「パン好きが多い」

ととらえるかは単純には判断できない。なぜなら，どちらの意見ももっともらしく感じられるからである。このような場合は統計的な分析を行い，「差がある」のか「差がない」のか客観的に判断する必要がある。

⑤分析結果の考察

結果として表れた数字がどのような意味を持つのか，先行研究や調査対象の実態を踏まえながら考察する。

**(4) 注意事項・配慮事項：**

質問紙調査法は非常によく用いられる調査法のひとつだが，さまざまな注意点がある。例えば，調査協力者が自分の正直な考えや意見を回答しない場合がある。また，当然ながら質問項目に設定されている以上の情報を得ることはできない。そのため，仮説の検証に必要な要素がすべて質問項目に組み込まれているか，事前の準備が非常に重要である。

（末吉彩香）

# 面接法

**(1) 概説：**

面接法とは科学的な情報収集と分析・語り手の記述（記録）であり，面接者が，調査協力者と対面しながら質問を投げかけて，1 回から数回にかけてのセッションを通して対象者の意見・考え・感情をデータとして量的（数値･数量を表すデータ）なもの，質的（言葉，文字，表現媒体）なものへと変換して総合的に情報収集する技法である。

**(2) 目的：**

直接観察できない，感情，思想，意図，過去の行動などを見つけ出す目的で行われることが多い。

①情報の提供や収集

②仮説の検証，あるいは面接を通して新たな仮説を立てる

③他の研究手法と併用して追跡調査を行う

**(3) 具体的な実施方法・手順：**

特に，インタビュー法について述べる。面接法には，大きく，**構造化インタビュー**，**半構造化インタビュー**，**非構造化インタビュー**という 3 種類がある。

会話分析とは，人々が会話の中で，当人にとって当たり前に行っているさまざまなことを明示的に知るための手法である。その目的は，日常生活，あるいは制度的場面において，人々が会話の中で何を行い，何を達成しているかを解釈を通して明らかにするところにある。

①場所，時間，人数の設定

②インタビューの記録：録音機器，ビデオによる撮影，メモによる記録など

③導入部分の重要性：開始時にすぐに具体的な質問項目に移るのではな

く，インタビューの大まかな流れや目的を再度確認し，語りの文脈や視点を提示する。また，面接者の関心は，調査協力者自身の経験や考えにあること，それを率直な言葉で話してほしいと思っていることを伝える必要がある。

④終わり方：インタビュー全体を振り返って感想を述べてもらったり，面接者へ質問をしてもらったり，未来に対する展望やメッセジーを語ってもらうなどして，インタビューで語られたことやそのプロセスで経験したさまざまな感情を整理する時間にする。

### (4) 注意事項・配慮事項：

①研究課題に適切なインタビュースケジュールとそのガイド開発の努力は十分になされたか。

②インタビュー技能の習得に必要な訓練は十分になされたか。

③面接者バイアス（年齢，性別など）に対する方策の検討は十分に行われたか。

④調査協力者に理解しやすい言葉，単語になっているか。

⑤選ばれた調査協力者が，インタビューで求める情報を実際にもっているかどうかを確かめたか。

⑥インタビューに対する抵抗，拒否，疑念が調査協力者に生じないように配慮されたか。

⑦面接者にとって好ましい回答を示唆する誘導的な質問をしないように注意する。

（烏雲畢力格（オヨンビリグ））

参考文献

結城俊哉（2009）第７章 面接調査研究法．In：前川久男・園山繁樹編：第６巻 障害科学の研究法．明石書店，pp.139-164.

徳田治子（2007）半構造化インタビュー．In：やまだようこ編：質的心理学の方法　語りをきく．新曜社，pp.100-114.

# 質的研究法

**(1) 概説：**

質的研究は，ある現象を質的（数で表現できない）に解釈する研究法である。質的研究の方法として，フィールドワークや面接法，参与観察がよく知られている。質的研究では現象の発生プロセスやその背景が重視され，既存の仮説を実証するというよりも，研究を進めながら仮説や理論を生み出す場合に用いられる。

**(2) 目的：**

数量的に解釈できない現象のプロセスやメカニズムを探求する。

**(3) 具体的な実施方法・手順：**

質的研究のための手法の一つであるKJ法の概要を紹介する。

KJ法は，1967年に文化人類学の分野で川喜田二郎によって開発された研究法で，質的なデータをグループにまとめ，グループの関係を図解化・文章化することで現象の本質を追及し，新しい発想を得るために用いられる。なお，ここで紹介する手順は大まかなもので，実施の際は細かな注意点やプロセスがある。

①下準備：テーマに沿った自由記述や自由な発言から情報を集める。

②ラベルづくり：①で得られた質的なデータを文章として意味が理解できるように要約し，1枚のカードに1つの情報を記述して分ける。

③ラベル集め：複数人で，似ているラベルを集めて小グループを作る。似た内容がない「1匹狼」のカードはそのまま残しておいてよい。

④表札をつける：それぞれのグループに表札（1行見出し）をつける。表札は，グループのカードが示す内容をぴったり表す具体的な文章で書く。テーマの内容を考えながら近い内容のグループを集め，さらに大きなグループでまとめる。大きくなったグループにも表札をつける。

⑤図解化：それぞれのグループの関係性を示した図表を作成する。
⑥叙述化：完成した図について全体の関係性を文章にまとめる。

**(4) 注意事項・配慮事項：**

KJ法はさまざまな分野で広く用いられている一方，方法論として適切な手法で実施されていないことがある(KJ法は単に情報を整理するだけの手法ではない)。KJ法だけでなく，質的研究手法の正しい実施方法を身につけたい場合，専門の研修を受講すると良いだろう。

質的研究の中ではインタビュー法がよく用いられるが，インタビューの方法にもさまざまな種類（例えば，構造化面接，半構造化面接，非構造化面接）があり，さらにインタビューの進め方にも種類（例えばナラティブ・インタビューやフォーカス・グループ・インタビュー）がある。分析方法として今回はKJ法を取り上げたが，グラウンデッド・セオリー・アプローチもよく用いられる。研究の目的やテーマに合わせて，実施方法や分析方法を検討する必要がある。

（末吉彩香）

# 実験研究法

**(1) 概説：**

実験はある仮説や理論が正しいか実際に確かめてみることである。実験研究は，実験的に同じ環境にしてとある部分のみ差をつけて比較をする方法である。

**(2) 目的：**

研究する者が，意図的に条件を操作し，その効果を調べることを目的としている。

**(3) 具体的な実施方法・手順：**

①独立変数と従属変数を決める（因果関係を調べるものを決定する）。
②対象を決め，その対象がどのような集団であるかについて具体的に示す。
③対象となる集団をグループ分けする（ランダムに振り分けられるとなお良い）。
④各グループの条件を統制する。すべてのグループが可能な限り同じ特性を持つように対象者を振り分ける。（例えば，グループごとに性別や年齢の偏りがないなど）。
⑤実験群に独立変数の操作を加えて（例えば，実験群にのみ特定の介入を行うなど），実験群と統制群の従属変数を比較する。

〈用語の説明〉

（独立変数，従属変数，実験群，統制群，ランダム化比較試験）

原因となる変数（研究する人が操作するもの）を独立変数，結果として測定される変数を従属変数と言う。そして独立変数が加えられるグループを実験群，独立変数が加えられないグループを統制群という。また，対象となる集団を複数（2群以上）のグループに分ける際にランダムに振り分けることをランダム化比較試験という。

**(4) 注意事項・配慮事項：**

①実験を行う際には独立変数と従属変数の因果関係に少し影響を及ぼす変数（媒介変数）や独立変数とは関係がなく従属変数に影響を与える変数（余剰変数）がある。例えば，摂取カロリーと体重の因果関係において，体重にカロリーを摂取した時間帯が影響している場合もあるし，運動量が影響している場合もある。したがって実験群と統制群を比較する際はどちらの群も条件をできるだけ等しくしておく必要がある。

②ランダム化比較試験を実施する場合にはかなりの手間がかかることに注意する。手間というのは，人，時間，お金のコストが高いということである。また実験的に介入が行われる場合には人にリスクを与えることにならないかに注意する必要がある。

（長山慎太郎）

# 縦断研究法

**(1) 概説：**

縦断的研究法とは，特定の調査協力者（あるいは集団）を，一定の期間追跡し続けることによって，その発達的変化を検討する研究手法である。

縦断的研究法と横断的研究法の長所を統合した統計学的調査法として「コホート法（cohort method)」がある。コホート法は世代差分析とも呼ばれるが，コホートとは『同年齢・同世代の集団』を意味する語である。コホート法では，同年齢の集団に対して初めに横断的調査を行った後に，継続的な縦断的調査を実施する。

**(2) 目的：**

同一の調査協力者を一定以上の期間にわたって“継続的”に調査して，その調査協力者の時間経過に伴う変化や成長（衰退）を明らかにすることを目的とする。

①時点間の平均値の比較，および平均的な変化のパターン（発達軌跡）の推定がより正確にできる。

②発達軌跡やその個人差について考察ができる。

③特に調査・観測研究において，変数間の因果関係を踏み込んで調べることができる。

**(3) 具体的な実施方法・手順：**

①質問項目（実験課題）の作成：測定目的の明確化，質問項目の作成，予備調査，質問項目の修正などを経て項目を作成する。

②調査協力者，調査（実験）の頻度，実施方法の選定：ケース数，調査（実験）の頻度，時期，場所などを具体的に決定する。ここで，長期的に協力できる対象者を確保することはとても重要となる。

③調査（実験）の実施：調査協力者を対象に，長期にわたって実施する。

④データの処理：統計的手法を用いて処理する。
⑤結果の報告：学会発表，あるいは論文としてまとめる。

**(4) 注意事項・配慮事項：**

①調査協力者を長期にわたって確保する必要があるため，適切な相手を選んだかどうか。
②縦断的調査は統計分析の方法が複雑・高度になりやすいため，分析方法，また結果を解釈する高度な知識を研究者が身につけているかどうか。
③作業への慣れ（訓練効果）や記憶の影響などにより，データに歪み（バイアス）を与える可能性がある。調査協力者が調査・実験の手続きに慣れたり，作業課題に習熟する必要があるため，その配慮を十分に行ったかどうか。
④データの欠測が生じやすいため，それに向けて調査や実験を実施する前に，対処法を考えたかどうか。

（烏雲畢力格（オヨンビリグ））

参考文献

宇佐美慧（2015）言語発達を理解する――縦断データとは何か．In：宇佐美慧・荘島宏二郎編：発達心理学のための統計学――縦断データの分析，誠信書房．pp.1-12.

# 文献研究法

**(1) 概説：**

刊行された文献から，一定のテーマなどから集めてきて，概観するもの。文献研究法とはテーマとなる関心のあることを中心に抱いた疑問･問いを，あらゆる信用性のある情報源から集めた文献を整理し，まとめること。多くの学術論文には，文献研究が論文の導入部分に組み込まれていることが多い。また文献研究を一つの論文として発表するということも可能。

**(2) 目的：**

関心のあるテーマについて，先行研究を学ぶことで知識を深めること。また，これから自分がしていこうとする研究のテーマについて，どのような議論がすでにされているか，またこれからされるべきかなどの現状の把握につながる。

**(3) 具体的な実施方法・手順：**

現代のように情報が溢れる社会では，多様な方法で情報，文献を集めることができる。

①文献の集め方：国立情報学研究所が運営する，「CiNii」という学術論文などを検索できるデータベースサービス，またGoogle Scholarなどを利用し，インターネットで文献を集めたり，図書館等を使い，学会誌や書籍等を通して探すことも可能である。

②文献の整理の仕方：特にインターネット上（CiNiiやGoogle Scholar）でのテーマやキーワードによる検索では，時に数多くの文献数が出ることが予想される。その際は，年代別に文献を整理したり，キーワードを複数含むものをまず調べたり，また査読の付いている論文を中心に読むなど，整理の仕方を工夫することも必要である。

③文献研究の書き方：大きく分けて２つある。１つ目はテーマをもとに調

べたことを，年代を追ってまとめていくこと。特定のテーマがどのように年代を経て発展してきたかなどがわかりやすくまとめられる。２つ目はテーマ別に書く。集めた文献を重要な課題別に今ある文献を分析する。このことから，読者に新しい方向性を示唆する可能性もできる。

④文献研究の構成：１）序論：研究の意義や焦点を書く。２）方法：文献を選んだ基準や，どのように情報をまとめたかなど，読者が研究者のアプローチの理解を深めるために必要な項目を記述する。３）本論：年代別にかくのであれば，期間ごとに段落を作る。テーマごとであれば，サブテーマ別に段落をもうける。４）考察と結論：研究の意義についてまとめ，研究の過程を通して浮き上がった疑問点を考察する。この研究で明らかになったことを明確に述べ，将来の研究の提案も行う。５）文献リスト。

**(4) 注意事項・配慮事項：**

文献研究を進める上で，研究に価する文献であるかを吟味することは，ネットで情報が溢れる今日において必要不可欠である。査読付きの論文や，また以前に引用されたことのある論文など注意しながら資料を集めることが大切である。

（市川真希）

# 重要用語

# おわりに

この本は瀧澤先生が，教員が研究を始めるにあたってわかりやすいガイドが日本にないのはなぜ？ という疑問を柘植先生に尋ねたところから始まりました。海外にはそのようなものはあるが日本にはないということで，それでは瀧澤先生に大まかなプロットを作ってみたらと勧め，できたプロットを基にどうしようかと酒井に相談したのが，３人で執筆しようとなった経緯です。

最初は３部作にしようかとか，おまけをつけようか（３人が論文指導をするサービス券を巻末に入れよう）など，とんでもないことまで含めて議論し，結局，基礎編を瀧澤先生が担当し，実践（応用）編を酒井が担当，研究法の解説を柘植先生が担当するという形に落ち着きました。

さて，お互いの原稿を持ちより見ていく中で，これは現場の先生に見てもらいわかりやすく修正してもらうことが必要なのではないかという意見が出ました。そこで柘植先生の教え子の３人の先生方に原稿を見てもらい，加筆・修正をおこなって出来上がったのが本書です。

手に取っていただき，最初から見ていけば，大まかな研究の流れや，論文等の執筆に関することまで，研究入門としてのガイドブックにはなっているかなと思います。

この本を手に取っていただき，研究ってこうやっていくんだ，研究って面白いかもと思っていただければ幸いです。

最後に，遠見書房の山内様，柘植研究室のゼミ生の方々，原稿を読んで修正や意見を述べていただいた３人の先生方に感謝申し上げます。

酒井　均

## 編者・執筆者一覧

### 編集・執筆

瀧澤聡　北翔大学　教授

略歴　略歴　学校法人ゆかり文化幼稚園，札幌市立小学校通級指導教室（言語障がい・発達障がい），北翔大学などを経て，2021年4月より現職。博士（作業療法学）。主に，第1章　理論編（基礎編），第3章　展開編（さらに研究したい人のために）を担当。

酒井均　筑紫女学園大学　教授

略歴　社会福祉法人「しいのみ学園」児童指導員，筑紫女学園短期大学，筑紫女学園大学などを経て，2002年4月より現職。修士（文学）。主に，第2章　実践編（応用編）を担当。

柘植雅義　筑波大学　人間系　教授

略歴　国立特別支援教育総合研究所，カリフォルニア大学UCLA，文部科学省，兵庫教育大学，国立特別支援教育総合研究所などを経て，2014年4月より現職。博士（教育学）。主に，付録を担当。

### 付録の執筆

・観察法　　　市川真希
・産物分析　　伊藤由美
・検査法　　　伊藤由美
・事例研究法　長山慎太郎
・質問紙調査法　末吉彩香
・面接法　　　烏雲畢力格（オヨンビリグ）
・質的研究法　末吉彩香
・実験研究法　長山慎太郎
・縦断研究法　烏雲畢力格（オヨンビリグ）
・文献研究法　市川真希
（筑波大学大学院人間総合科学研究科博士後期課程障害科学専攻　在学中）

### 編集協力

尾﨑朱　　兵庫県宝塚市立養護学校　教頭
杉本浩美　兵庫県伊丹市立笹原小学校　教頭
髙田敬子　兵庫県立こやの里特別支援学校　教頭
（現職派遣により，兵庫教育大学大学院修士課程特別支援教育学専攻　修了）

教員のための研究のすすめ方ガイドブック

——「研究って何？」から学会発表・論文執筆・学位取得まで

2019年5月20日　第1刷
2024年1月10日　第3刷

編著者　瀧澤　聡・酒井　均・柘植雅義

発行人　山内俊介

発行所　遠見書房

〒181-0001 東京都三鷹市井の頭2-28-16
株式会社　遠見書房
TEL 0422-26-6711　FAX 050-3488-3894
tomi@tomishobo.com　http://tomishobo.com
遠見書房の書店　https://tomishobo.stores.jp/

ISBN978-4-86616-087-0　C0011

Printed in Japan